Al chiaro di Stelle
Lungo la Via Dritta

Autrice:
Silvana Fiderio

Redattrice:
Ilenia Tredici

Immagini create mediante IA Microsoft Bing Creator

Un ringraziamento di cuore a Ilenia:

Mia Osellë "Sorella nel cuore e nello Spirito" (Quenya)
Il tuo lavoro di revisionatrice è stato prezioso!

Hannon Le!

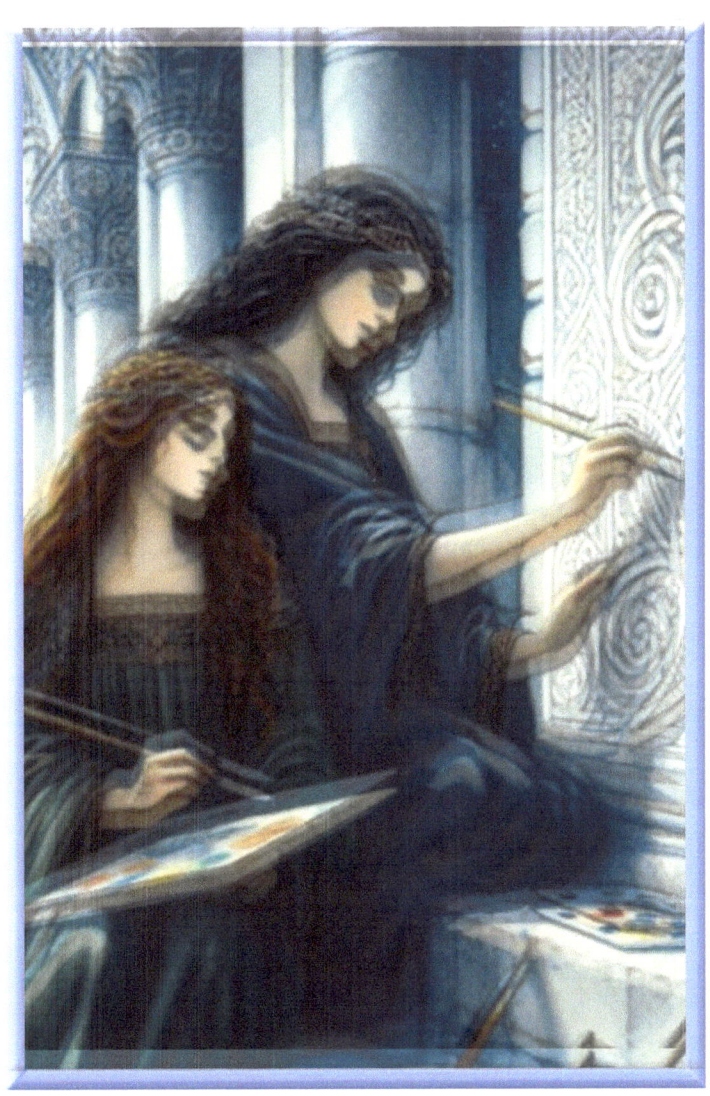

Immagini create a puro scopo di intrattenimento.

Possano queste raffigurazioni aiutarti ad immergerti nel tuo mondo secondario mentre dai loro sostanza attraverso il colore.
Puoi liberamente fotocopiarle su carta più spessa, liscia o ruvida a seconda degli strumenti che intendi adoperare:
il tuo unico limite è la tua immaginazione!

Buon divertimento!

Silvana

Su di un letto di sabbia dorata in una remota terra lontana ad est, un uomo contempla la notte stellata schiarire mentre il sole sorge trionfante.
"Fai la tua parte, come tutti noi." È il messaggio che le colombe gli portano.

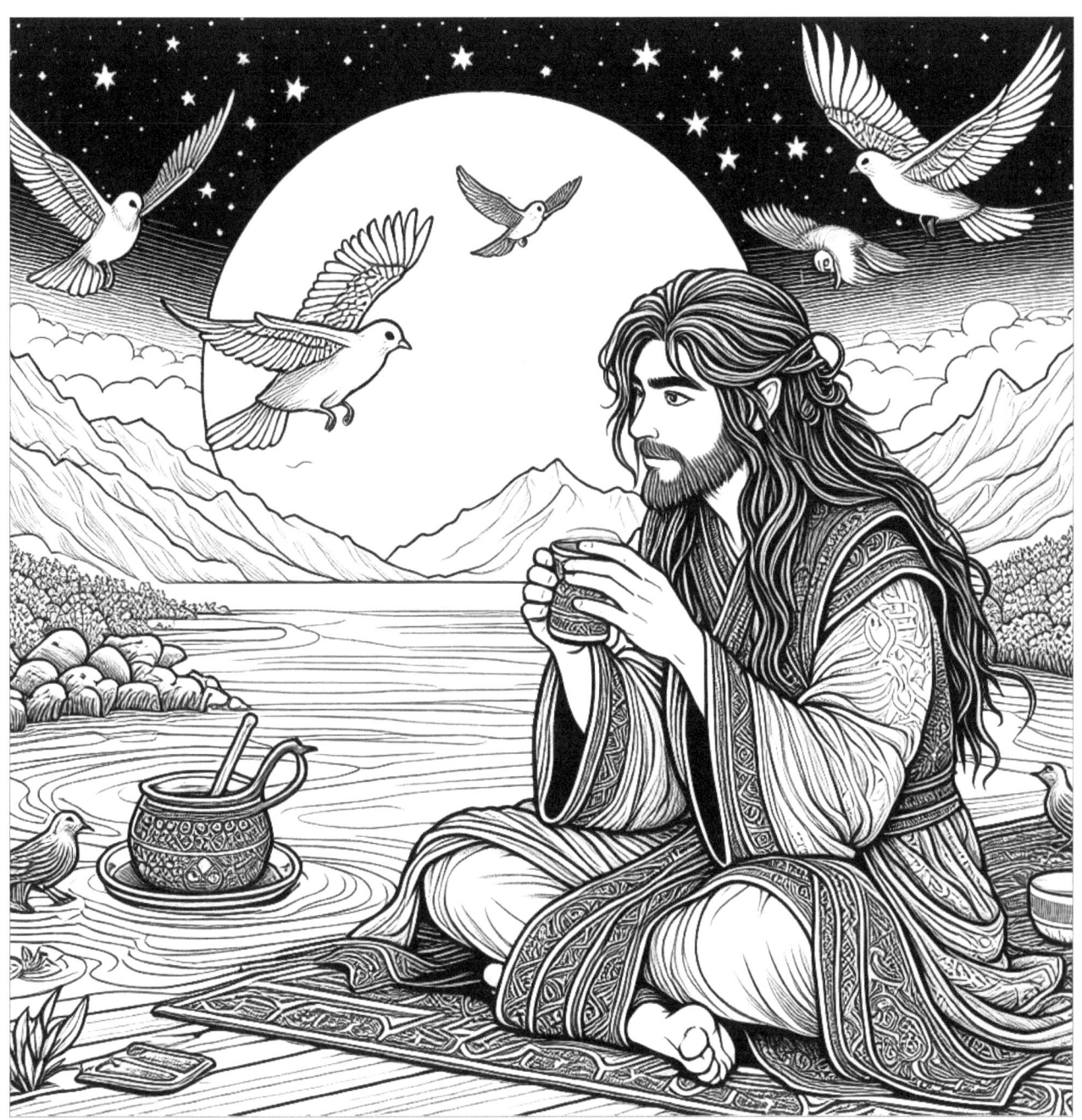

La Danza è molto antica e come poco altro al mondo ci accomuna tutti,
qui su questa bella terra!
Che sia eseguita con flauti, archi, tamburi o semplicemente con la tua voce e
pestando i piedi nudi a terra, essa è parte del nostro linguaggio primevo;
porta gioia praticarla e soddisfazione nell'assistervi.
Danza al ritmo della tua musica, in accordo con quella della Creazione!

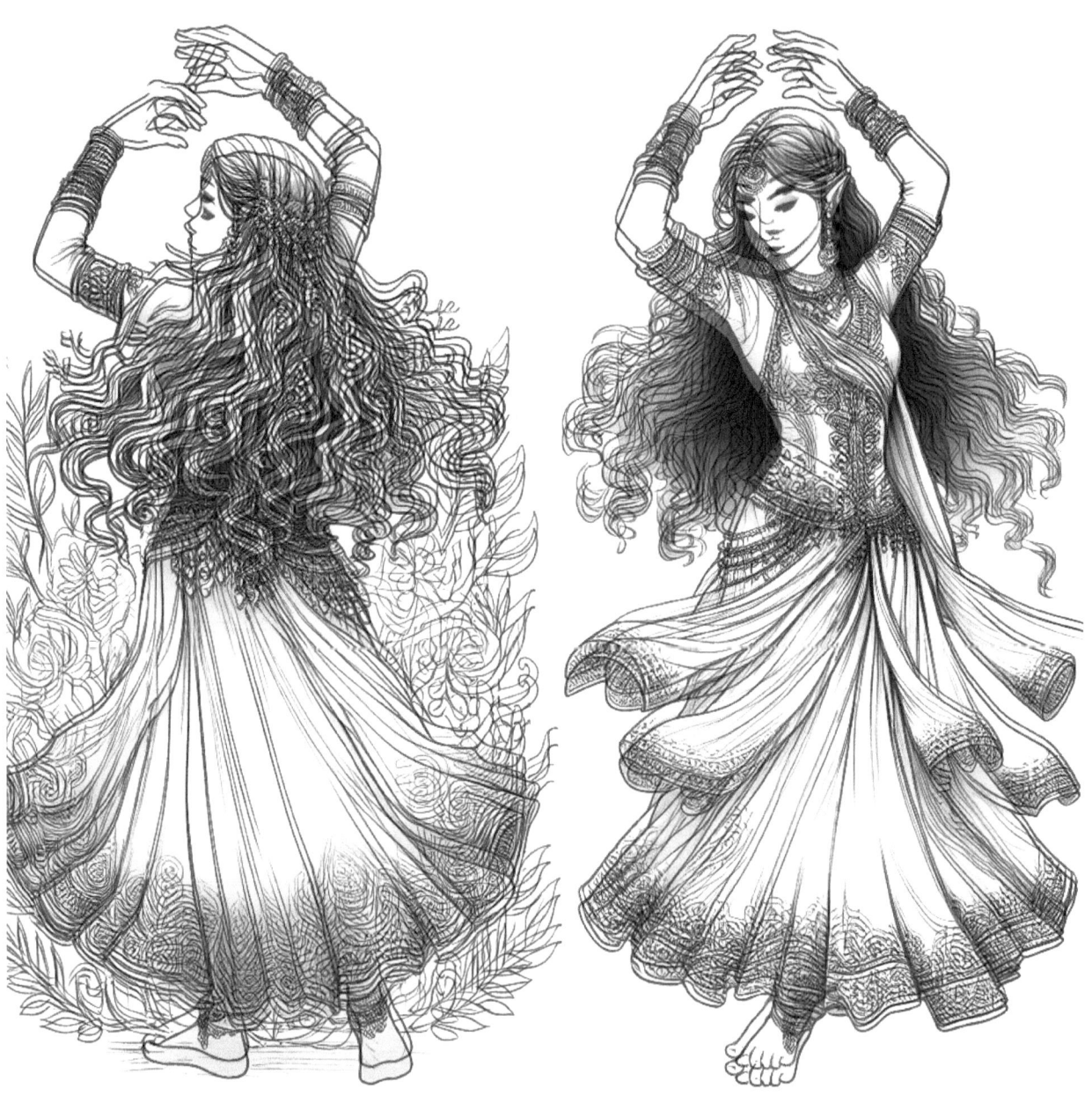

Danza al ritmo della tua musica, in accordo con quella della Creazione!

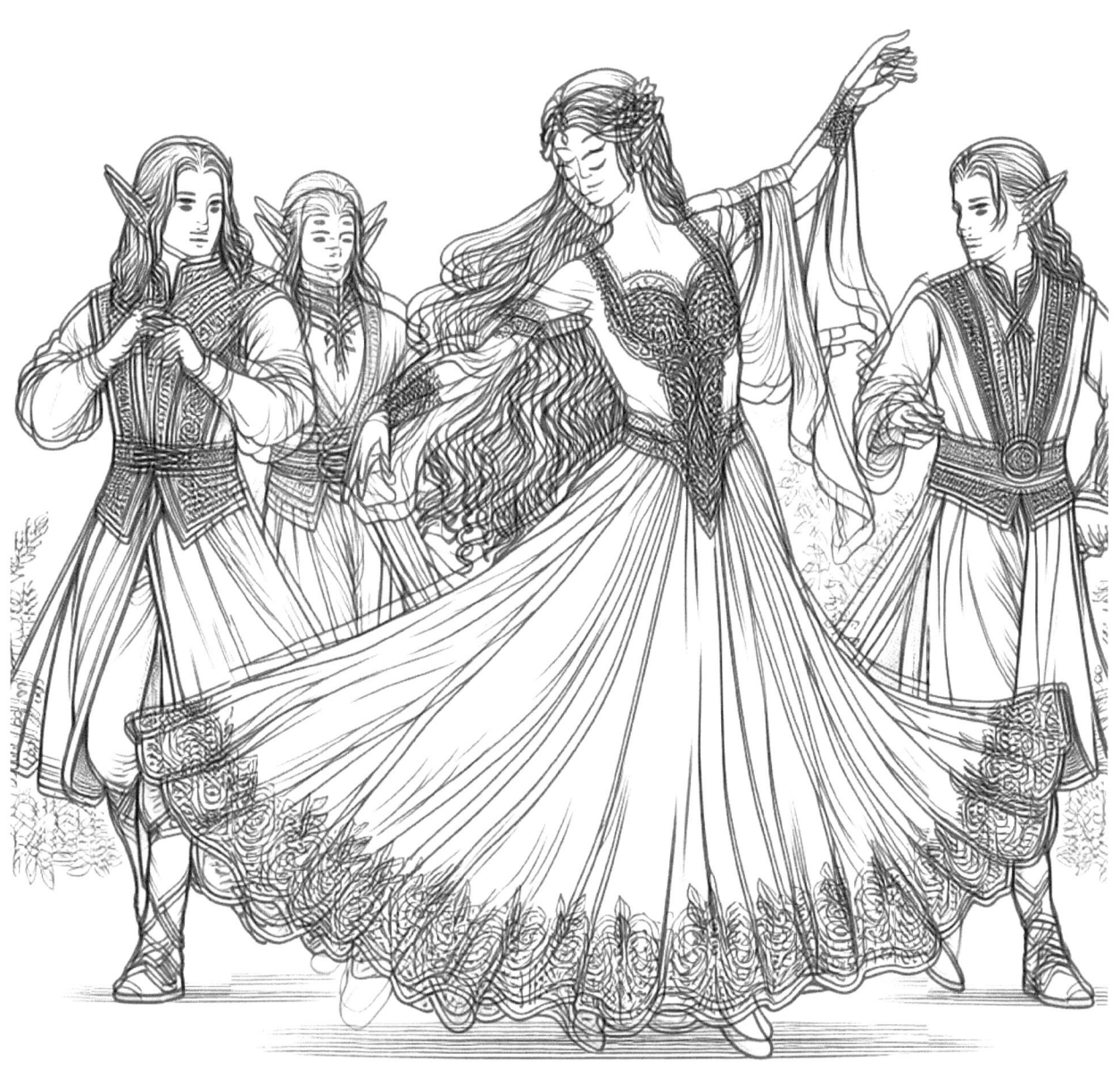

*Che tu sia maschio o femmina poco importa:
siamo tutti più felici quando ci muoviamo
al ritmo di una musica allegra e ben suonata!*

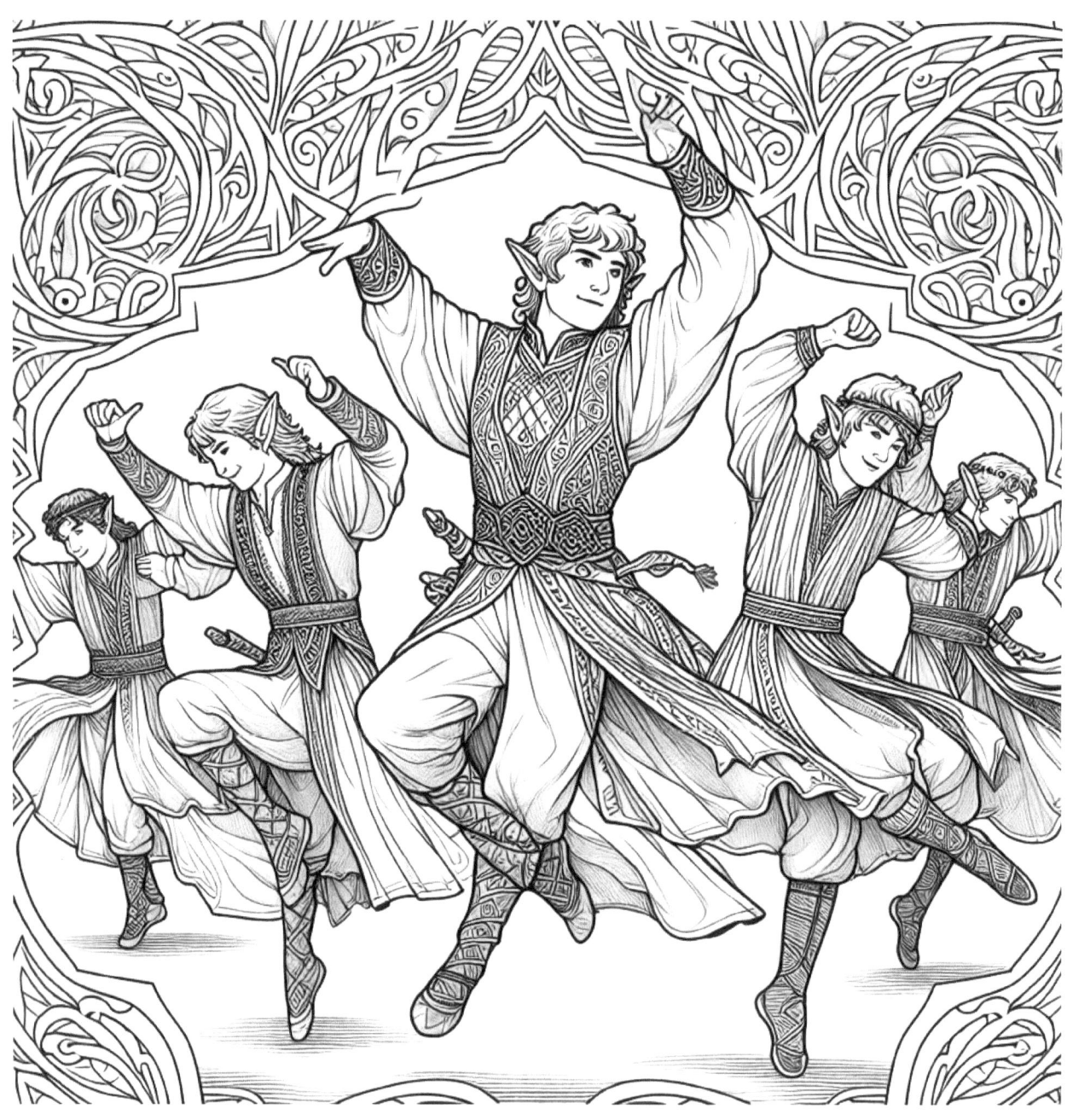

La Danza è anche un'occasione per esprimere i propri sentimenti verso qualcuno!

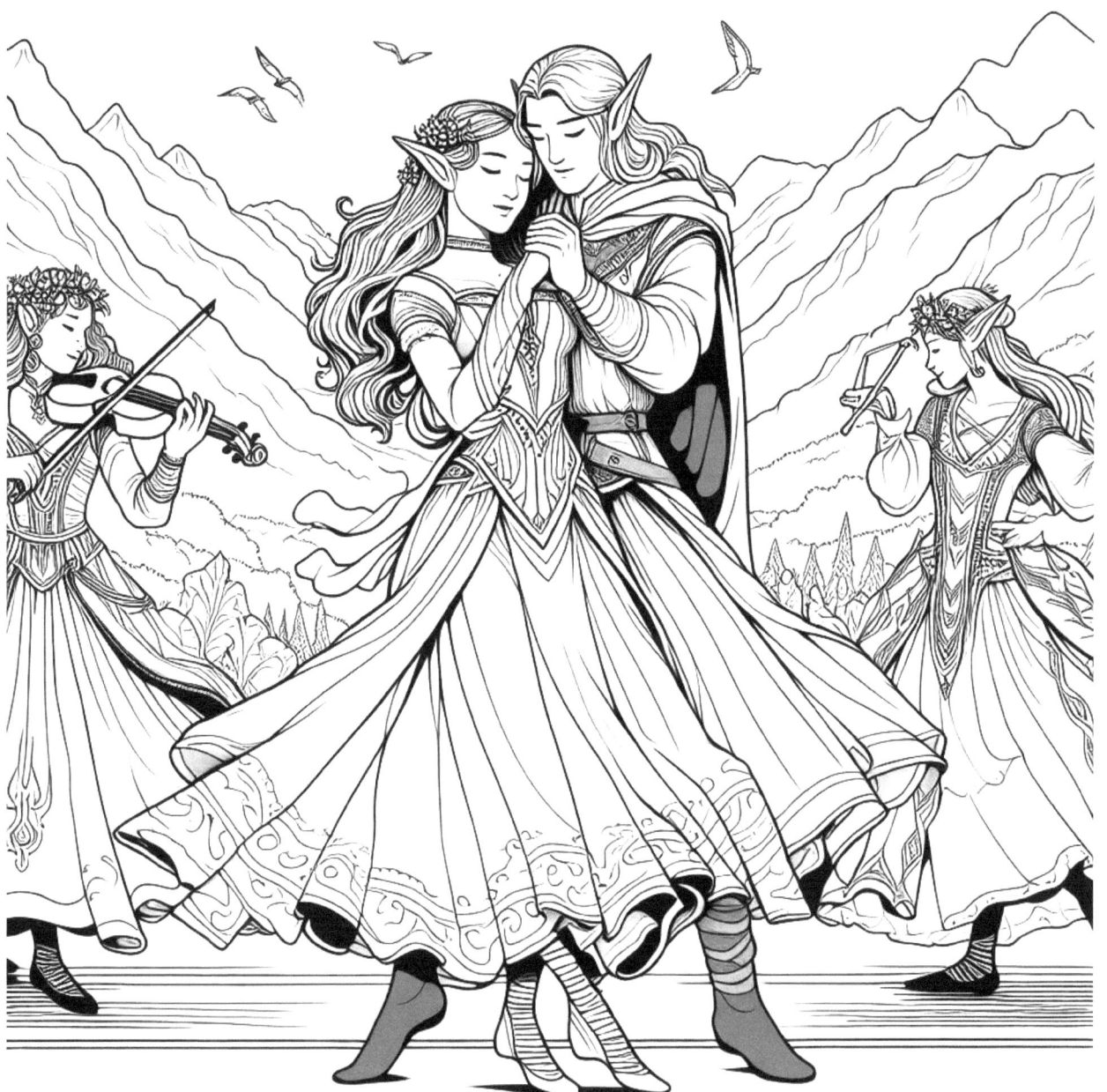

E comprendere il cuore dell'altra persona.

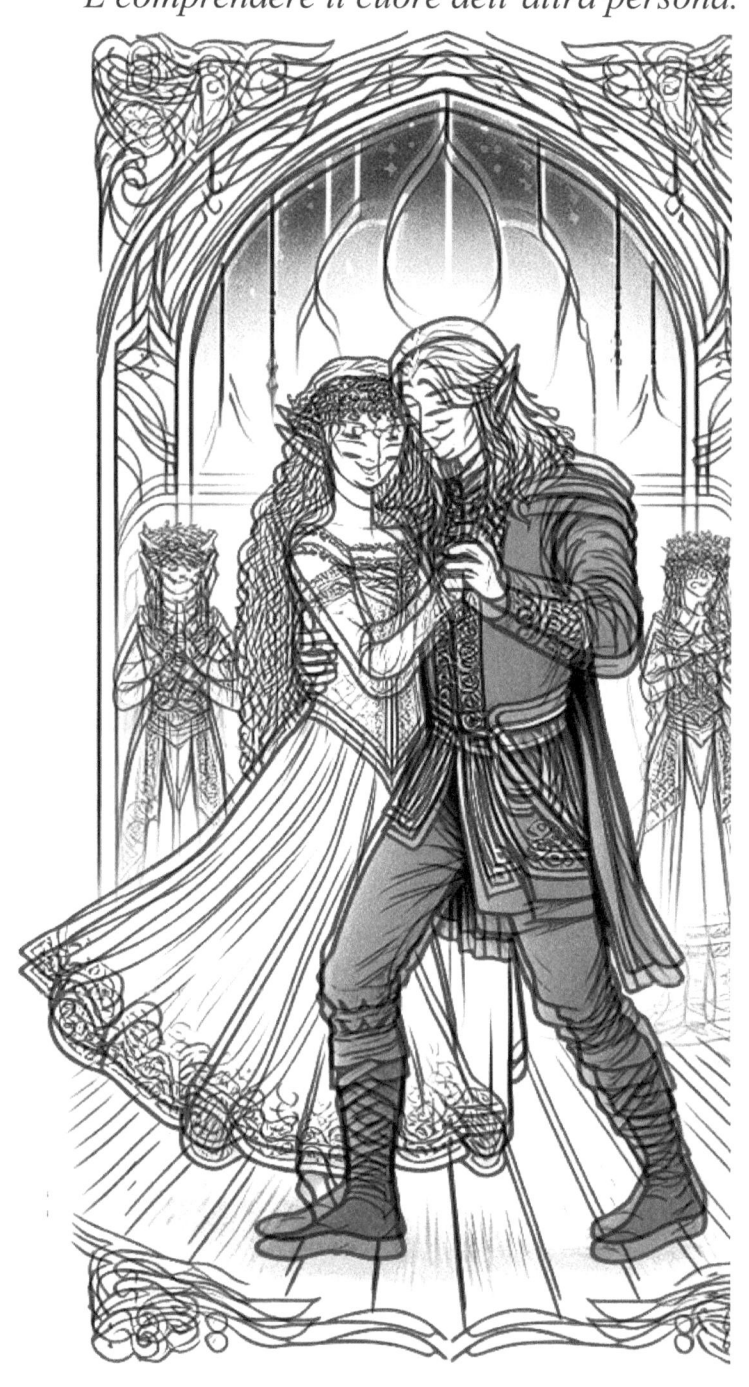

Il Linguaggio del Cuore è Universale e supera tutte le barriere di razza, lingua e religione.

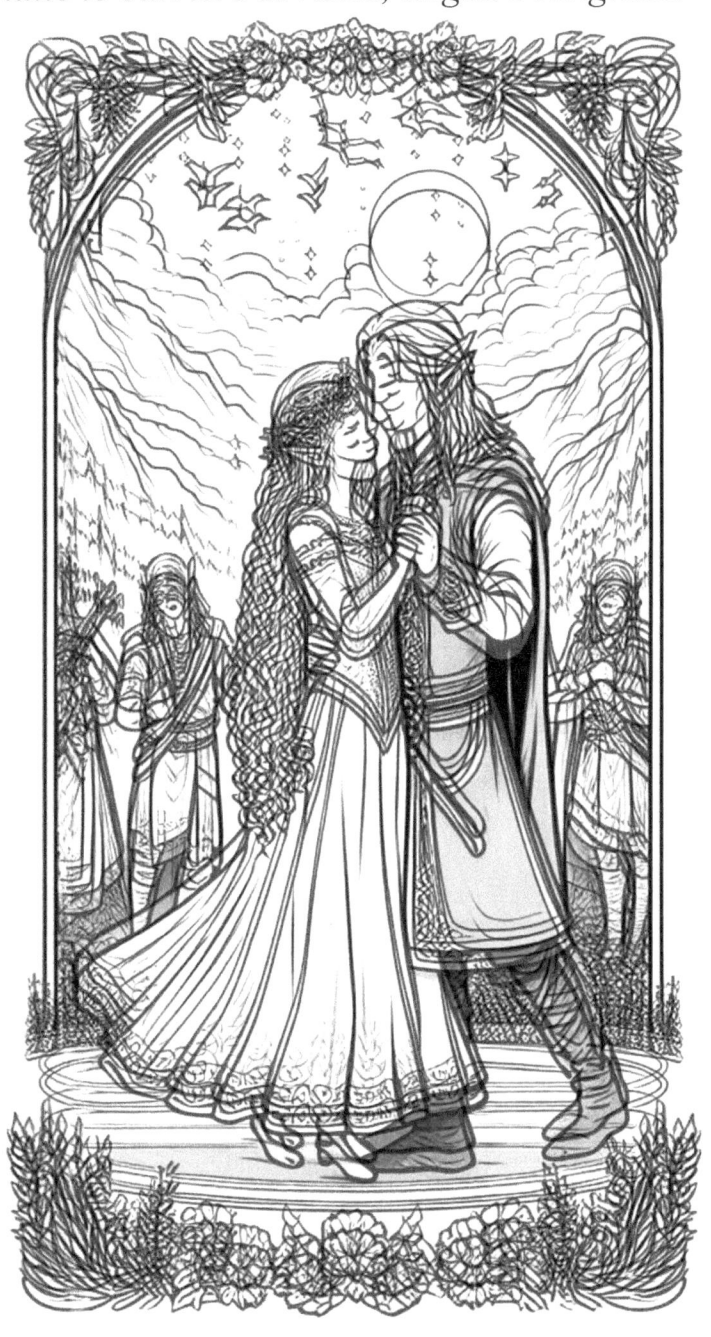

Senti il tuo cuore: batte forte allegro e vivace, vero?
Se potessi esprimerlo con i colori,
come rappresenteresti la musica che più ti fa venir voglia di danzare?

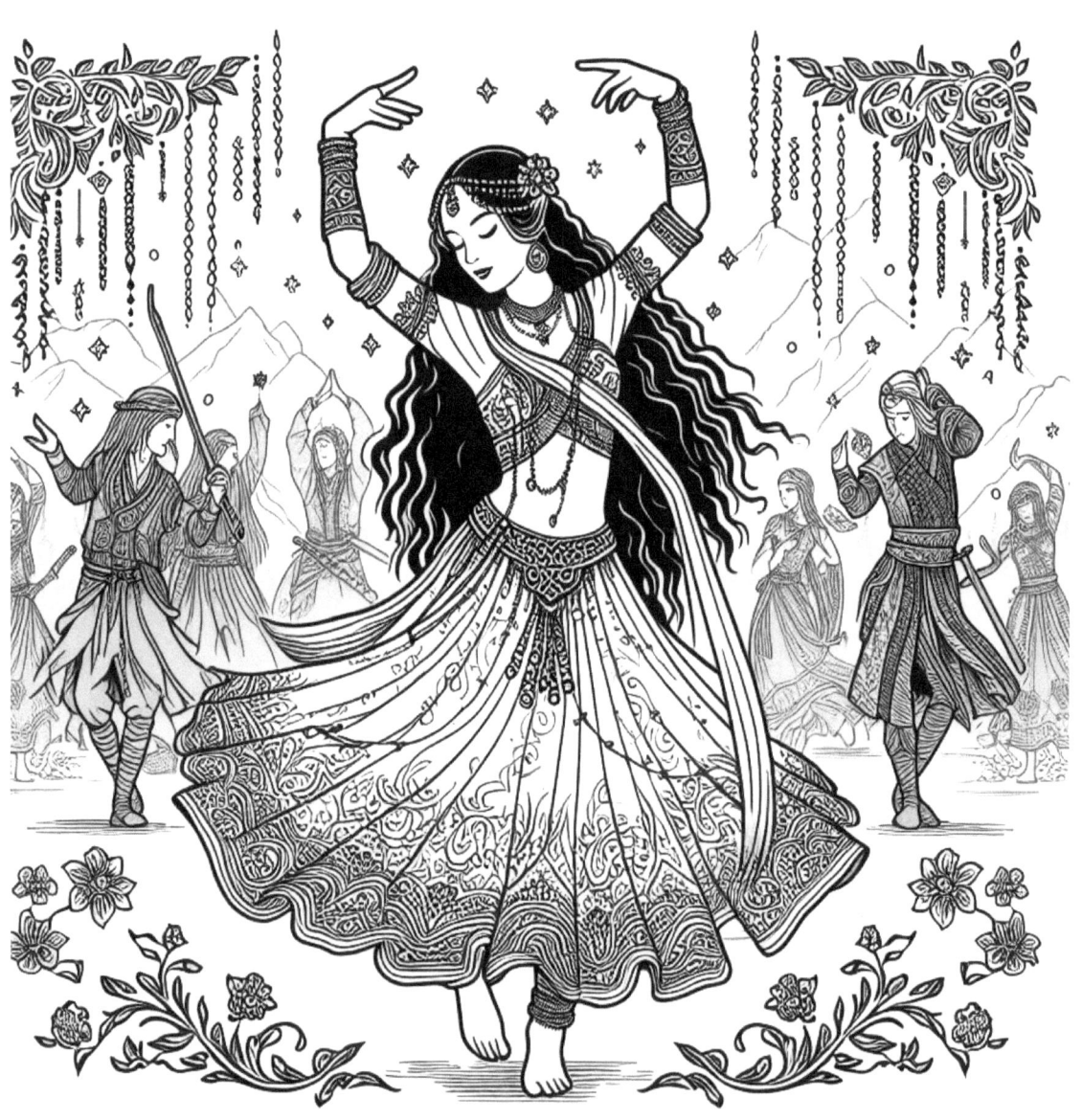

E quella che più ti fa sognare?

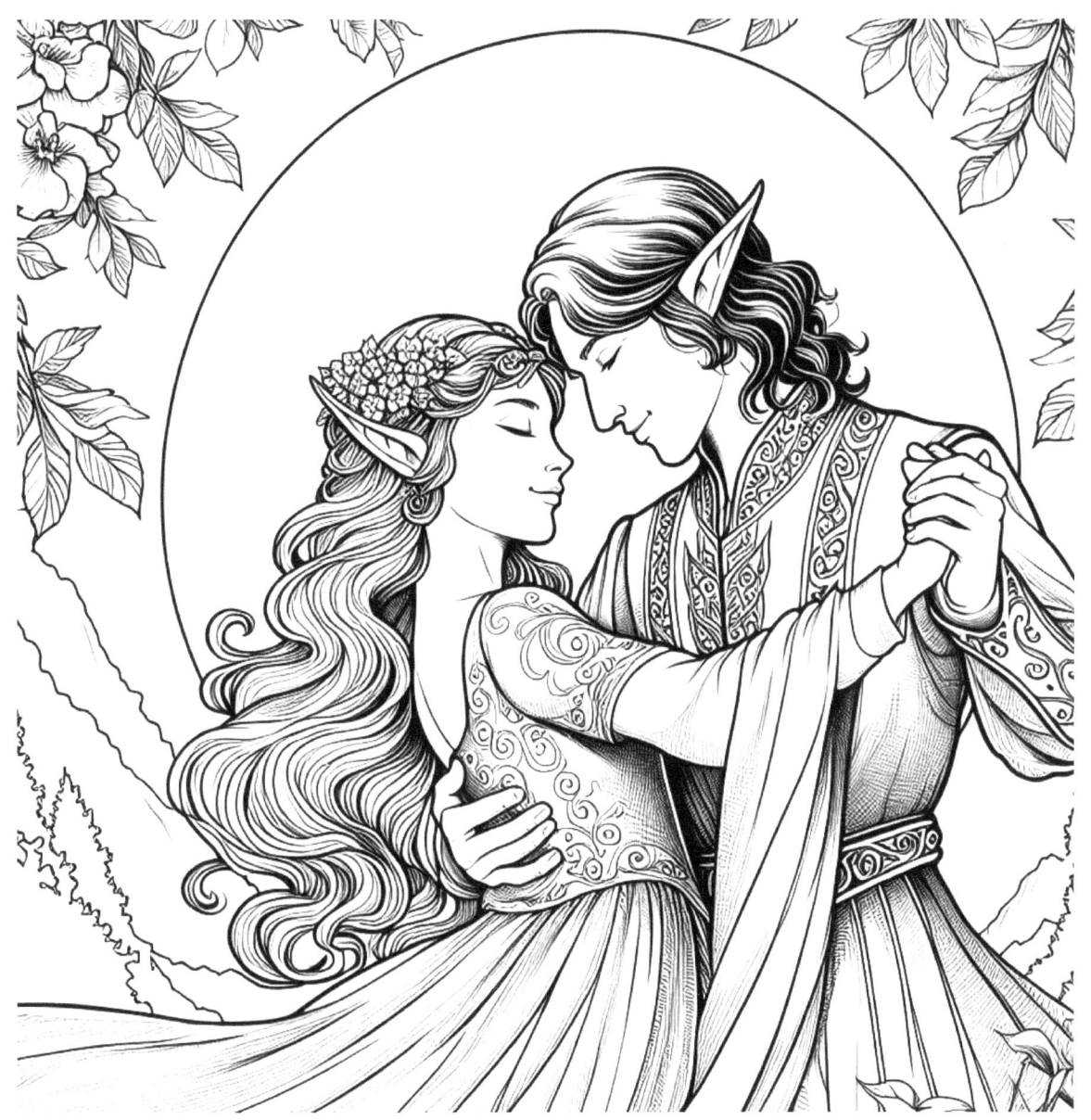

Un tempo le fanciulle si riunivano a danzare fra loro durante le feste stagionali, quelle erano occasioni speciali perché se si era fortunati si poteva incrociare quello sguardo speciale che avresti poi ricercato a lungo sui volti dei festaioli!

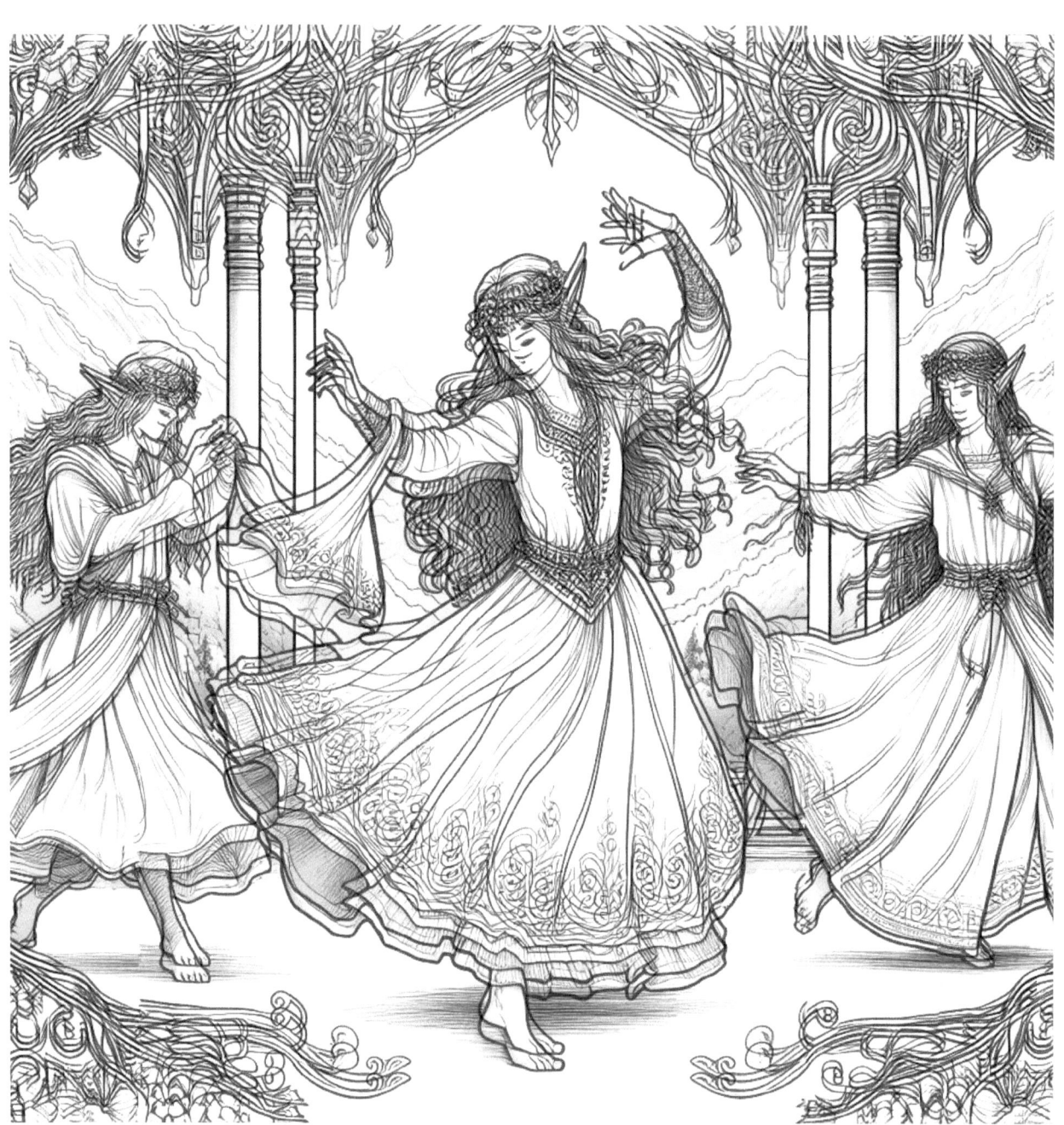

E chissà, se avevi abbastanza coraggio e un pizzico di fortuna, poteva accadere che i suonatori intonassero la canzone giusta!

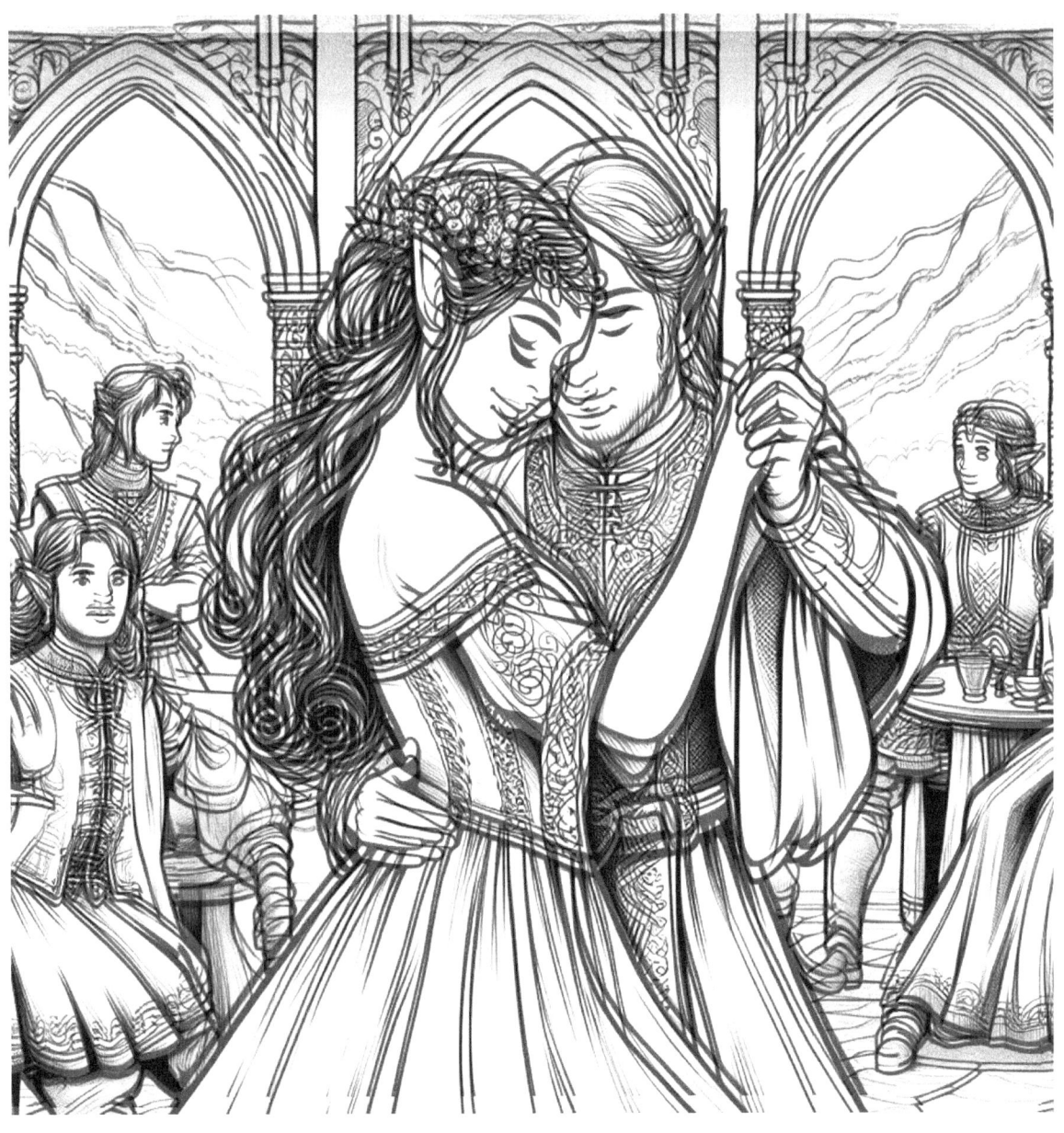

*La caratteristica principale del poter essere nel proprio Mondo Secondario è
che lì siamo collegati direttamente al nostro cuore.
Non ci sono maschere, non ci sono ombre se non siamo noi a portarcele.
Ci siamo solo noi e la bellezza della nostra vera essenza,
priva di vincoli e costrizioni del mondo esterno.
È attraverso la porta della nostra Immaginazione che possiamo accedervi,
mettendo a riposo la Mente e rimanendo in ascolto.*

Riesci a tracciare il Sigillo che schiude la Porta?

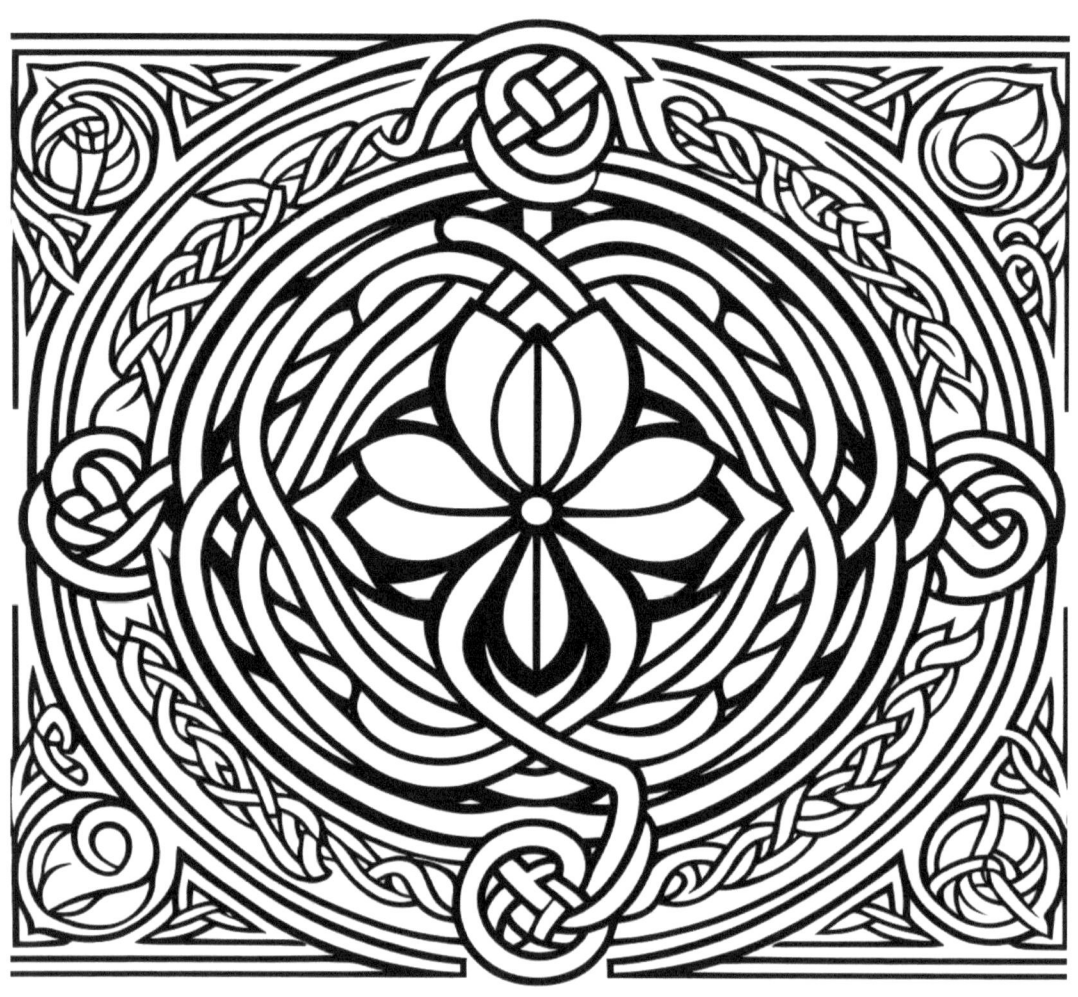

In ognuno di noi risiede lo Spirito che racchiude la nostra Essenza, ma esso non è dissociato dal resto di ciò che siamo: come i nostri corpi fisici sono fatti di cellule e molteplici sostanze, così la nostra natura eterica è composta di molteplici parti che formano quello che è il nostro Cuore, la nostra Essenza.

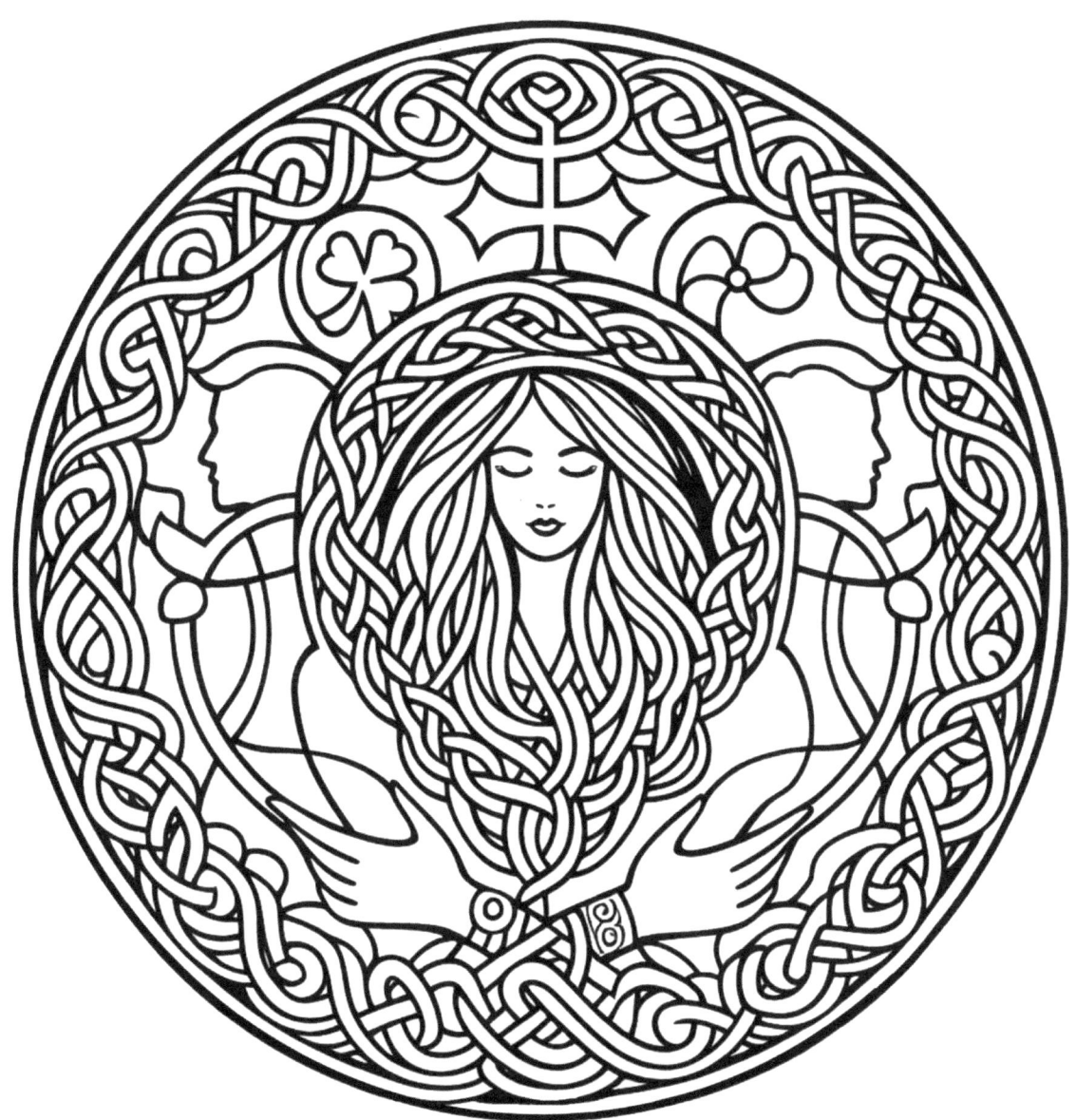

In noi coesistono due parti opposte e complementari: due cavalli, uno bianco e uno nero, due lupi, uno bianco e uno nero, due tipi di energia, una maschile e una femminile, una natura attiva e una passiva, ecc... La maestria sta nel riuscire a porre in equilibrio questi due opposti - ma complementari - tipi di natura, che tenderanno a polarizzarsi, al fine di creare un'esistenza armoniosa.

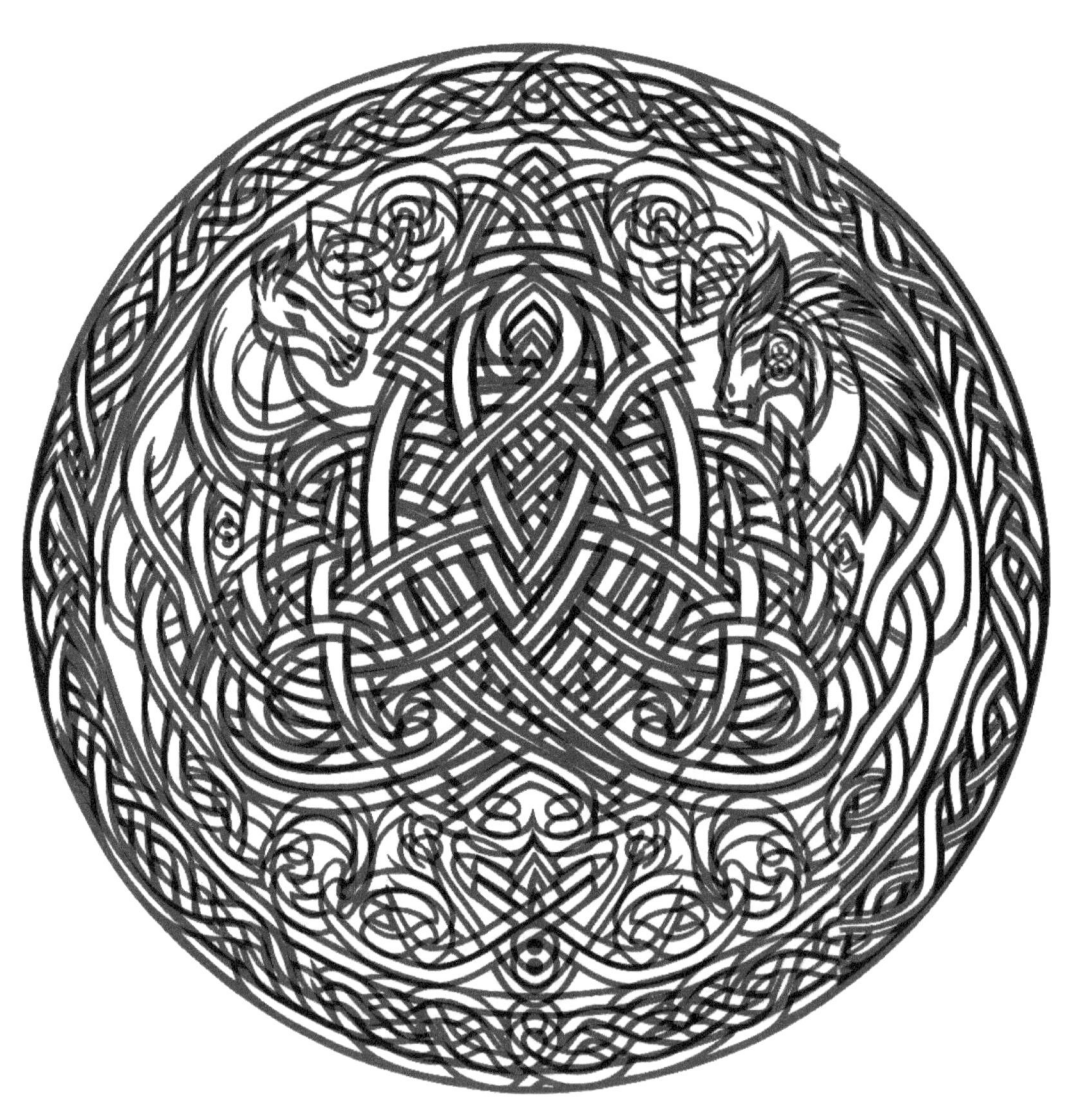

La Fede e la Ragione sono le scarpe con cui camminare:

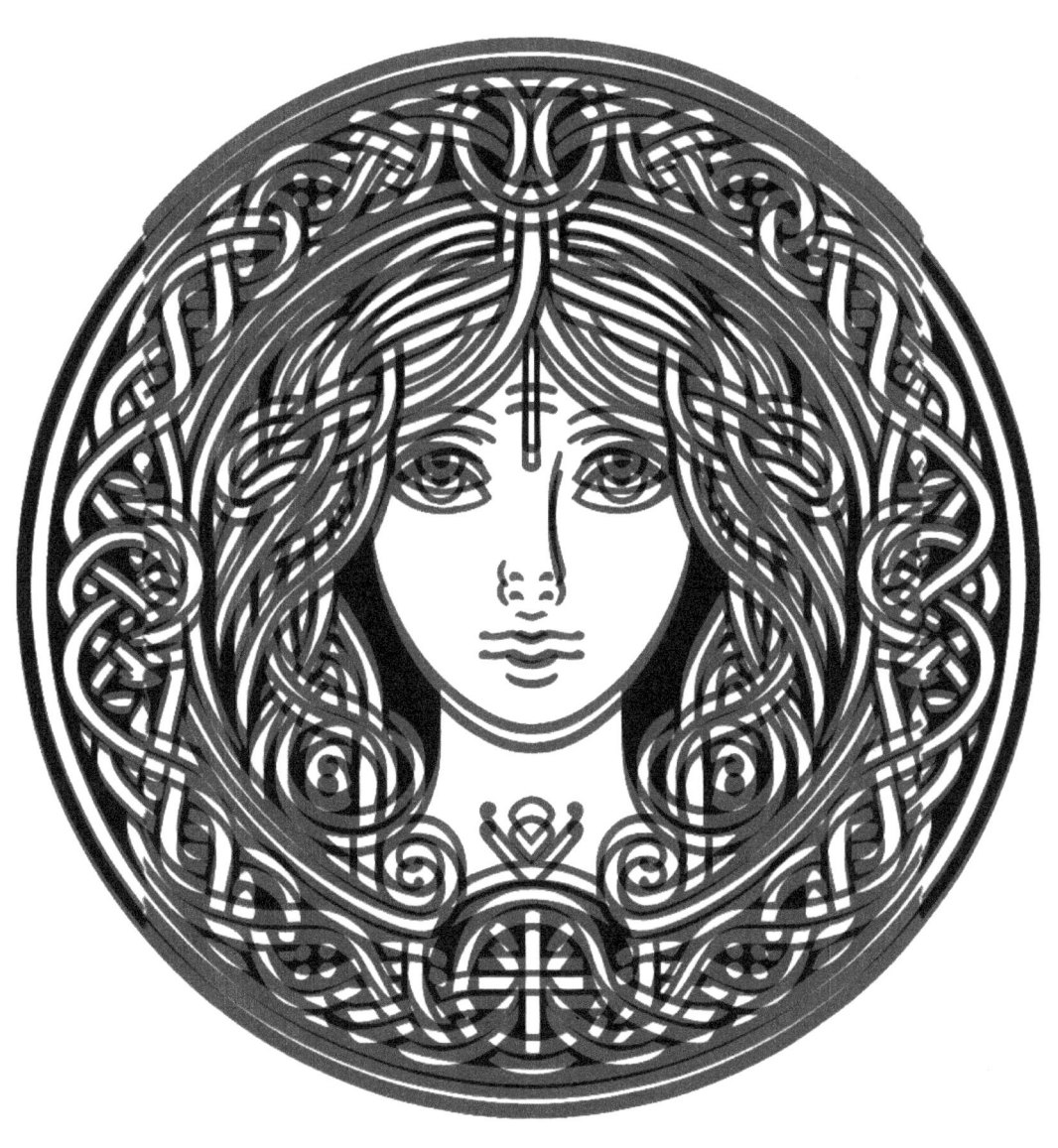

*Si arriva molto più lontano con due scarpe
anziché una sola.*

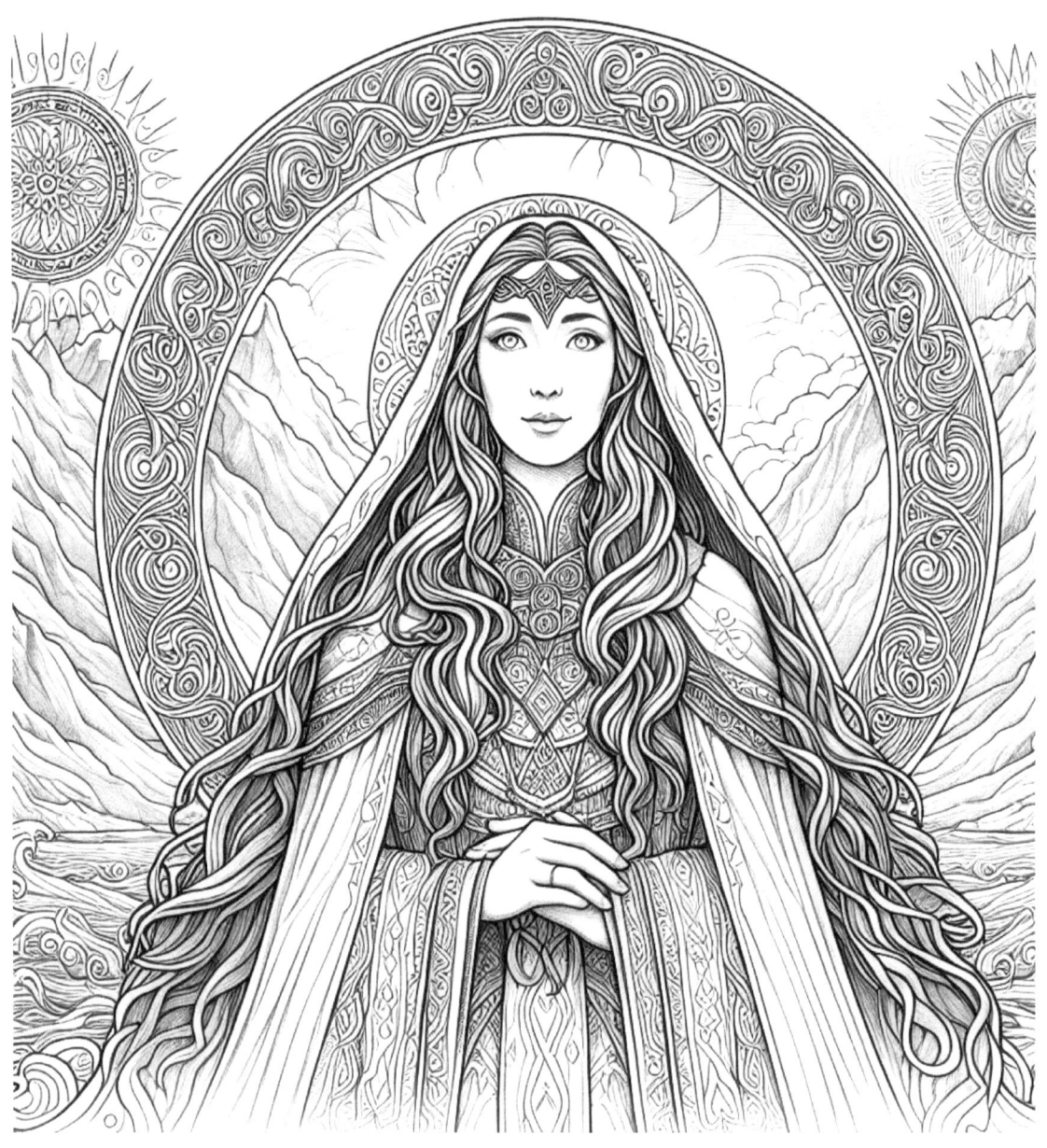

*Una volta che hai aperto le porte del tuo Cuore, sarai dentro al tuo Mondo Secondario.
Dimmi, che colori userai per descriverlo?*

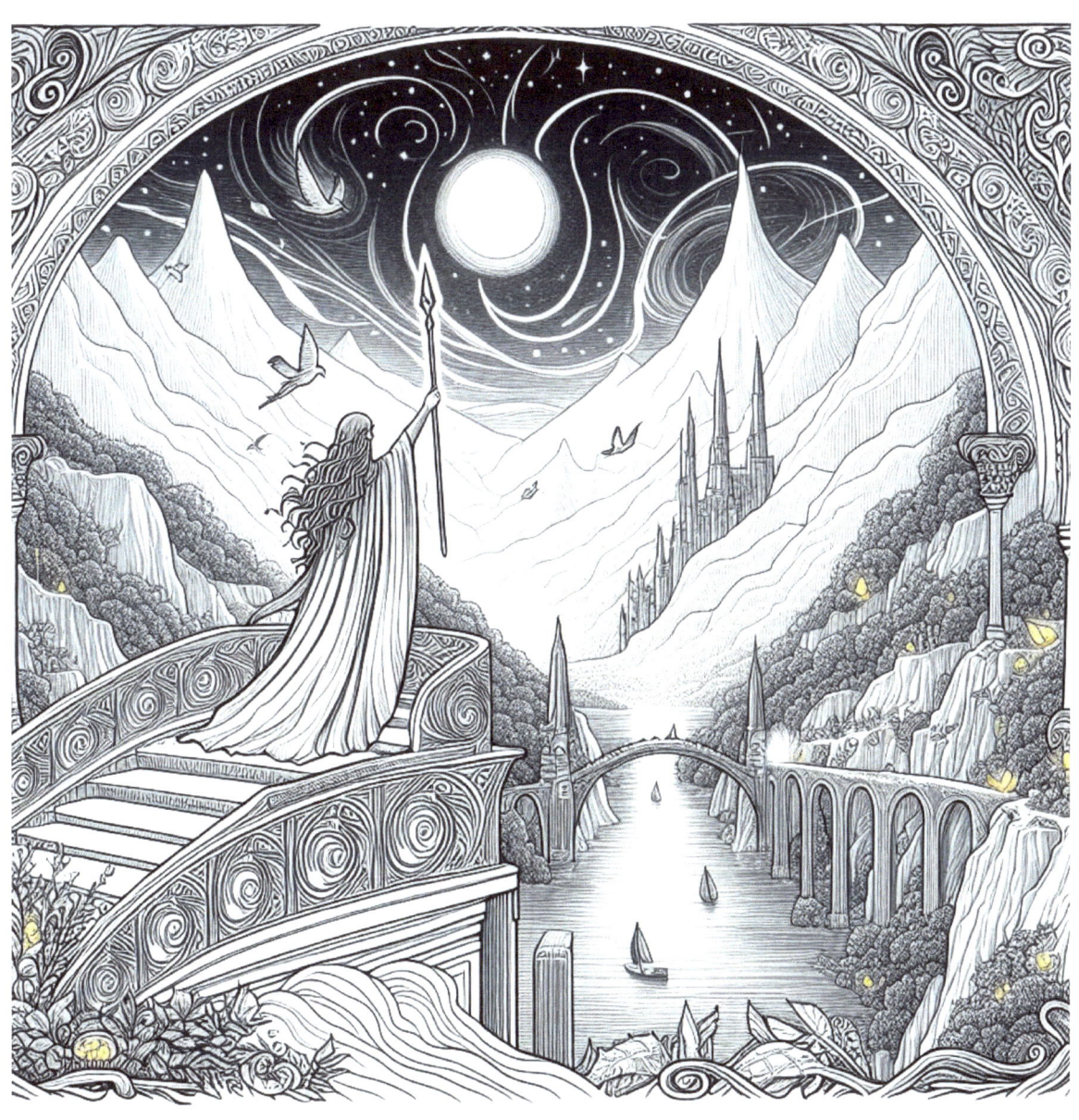

Chi vivrà nel tuo Mondo Secondario?
Nel mio trovano posto tutti quei figli della Creazione che hanno cara la vita quanto la bellezza e la gioia, in ogni sua forma più bella e divertente!

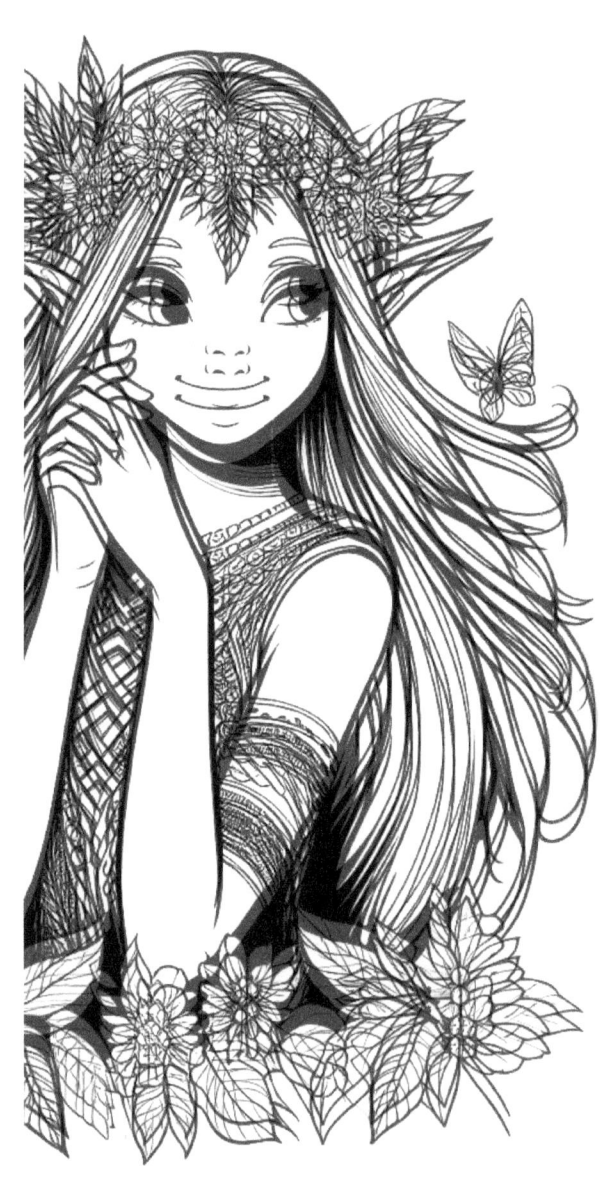

È tempo di imparare a sorridere e ridere di noi stessi, oltre che di chi ci circonda!

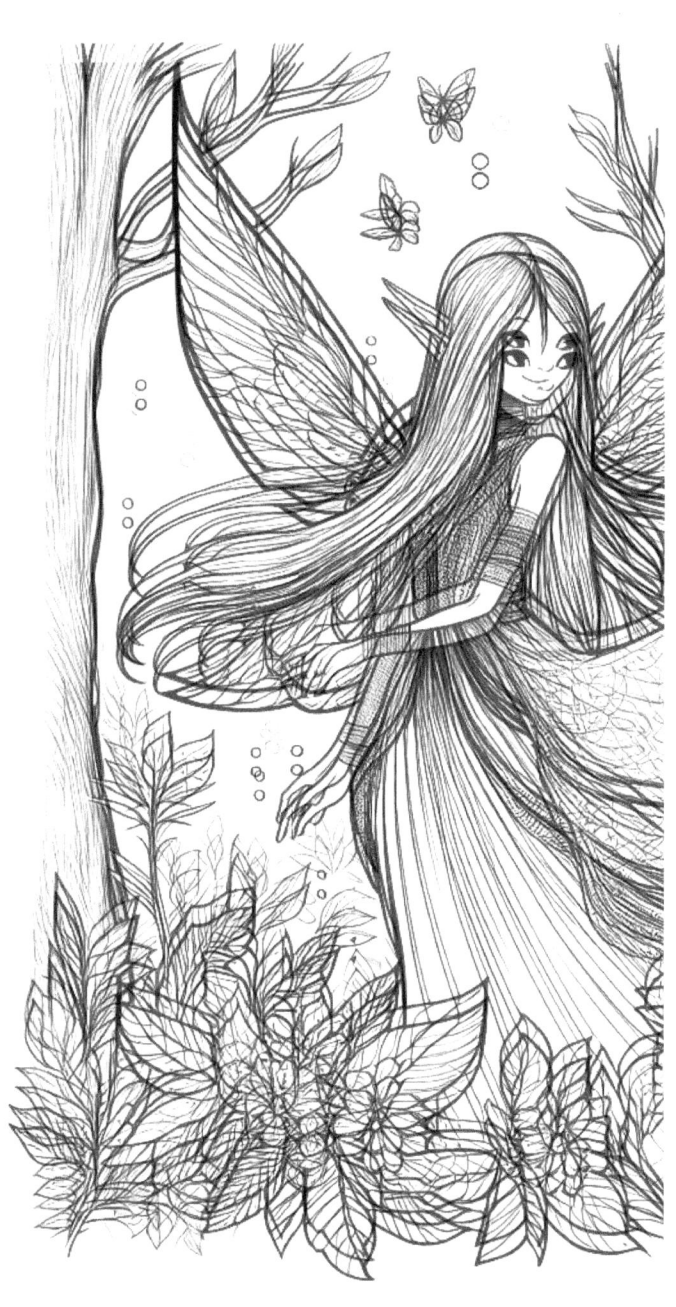

Ci sono momenti in cui essere scherzosi e momenti in cui è importante coltivare le proprie passioni e interessi!
E tu, cos'è che ami fare quando hai del tempo a disposizione?

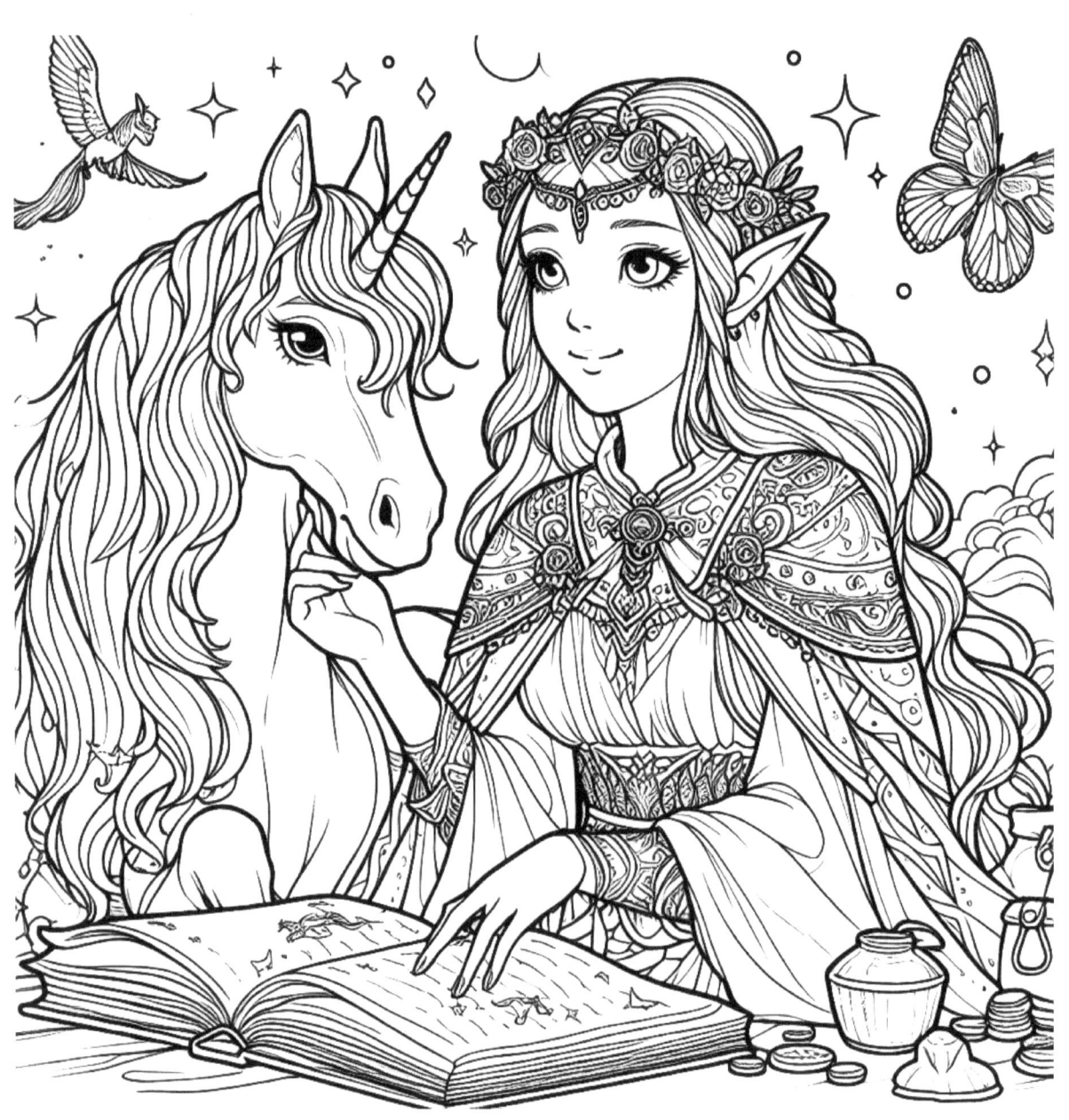

È importante riuscire ad avere del tempo per mettere la Mente a Riposo, anche solo qualche istante di Silenzio, mentre il resto del mondo va avanti.

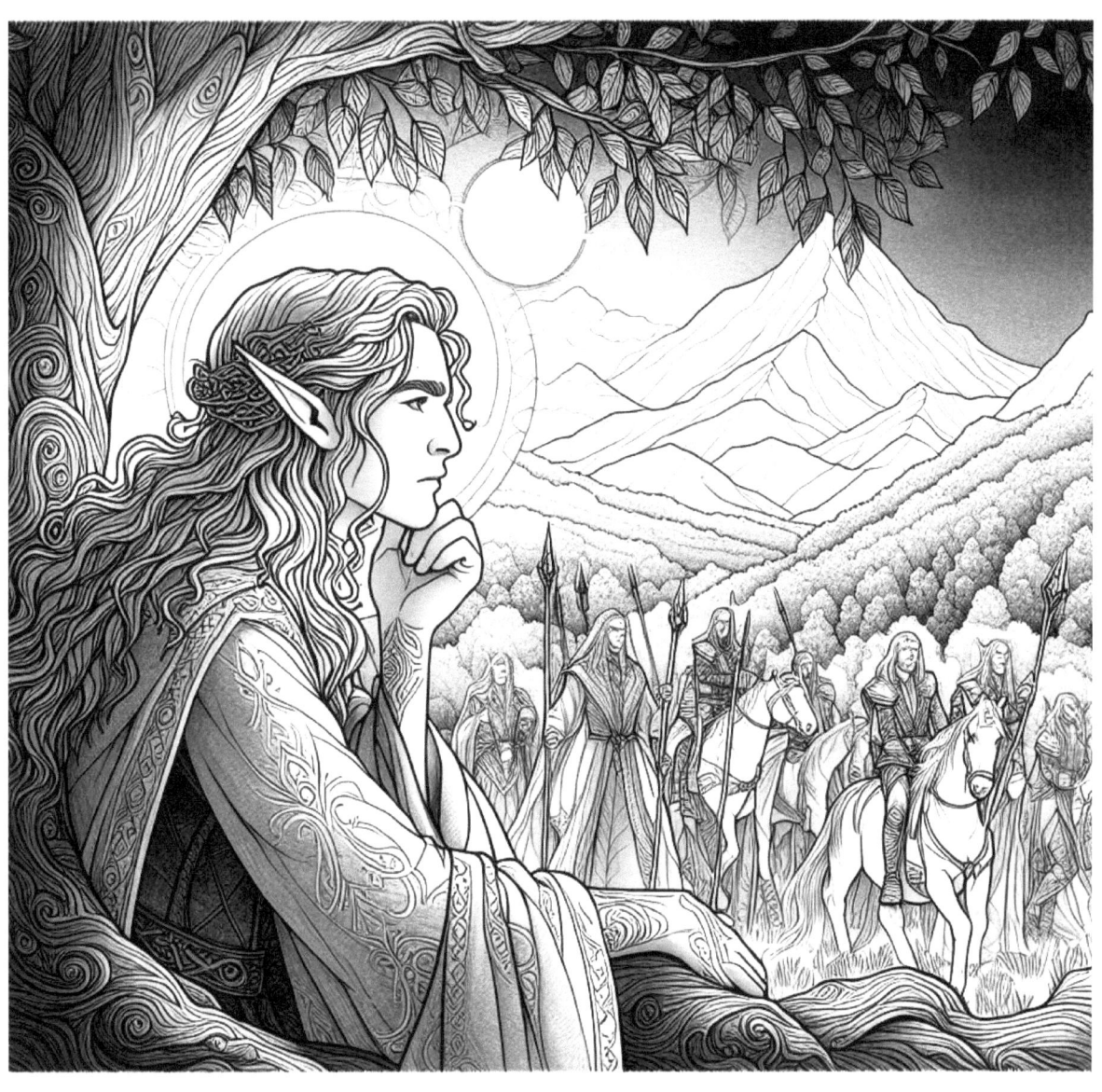

Momenti di riflessione, momenti in cui riconnetterci con quella parte di noi stessi che è figlia proprio della Creazione;

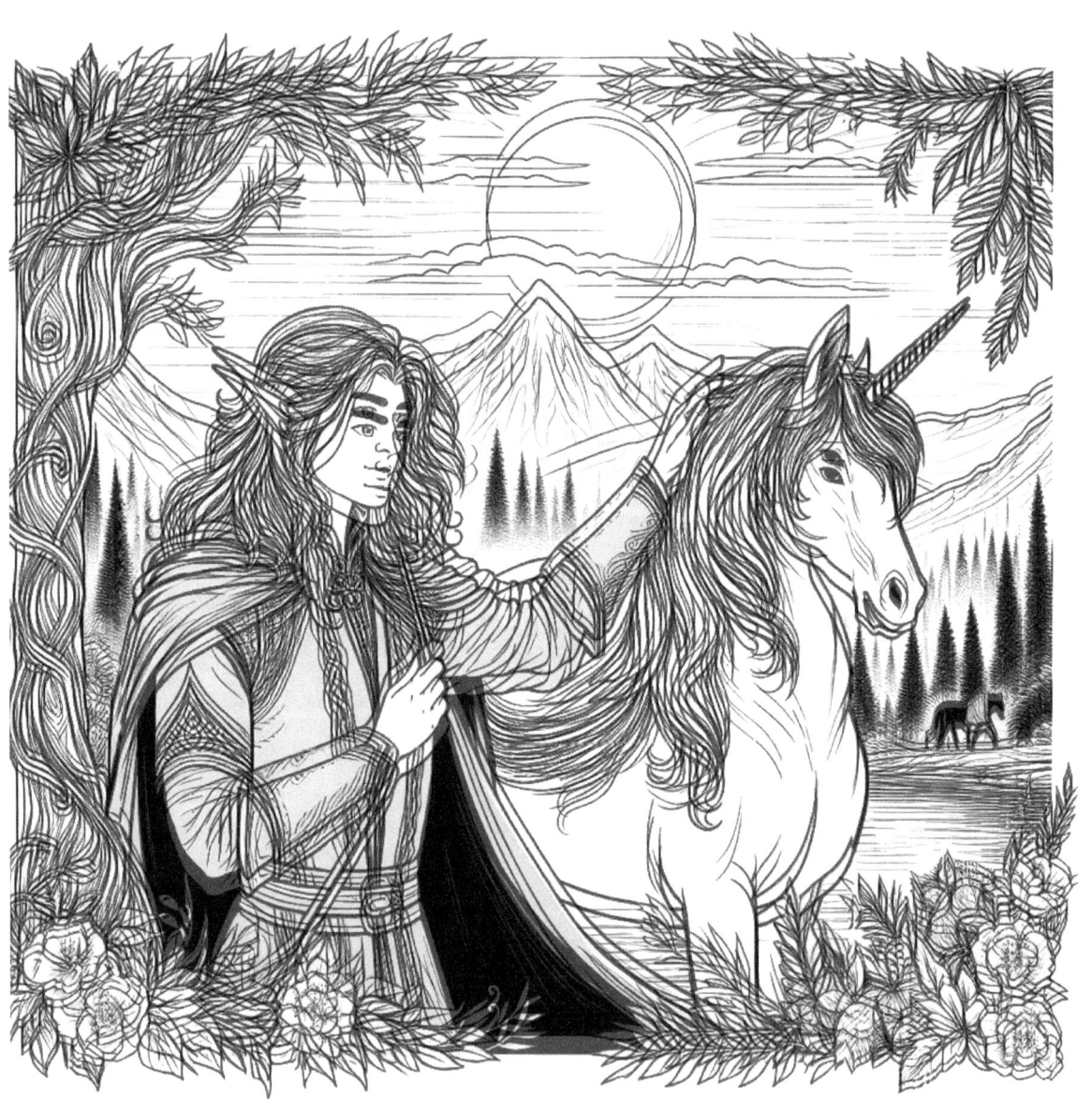

Dove sta scritto che non si possa passeggiare con un unicorno?

A volte basta fare due passi in un prato vicino a casa per scoprire cose di cui ignoravamo l'esistenza!

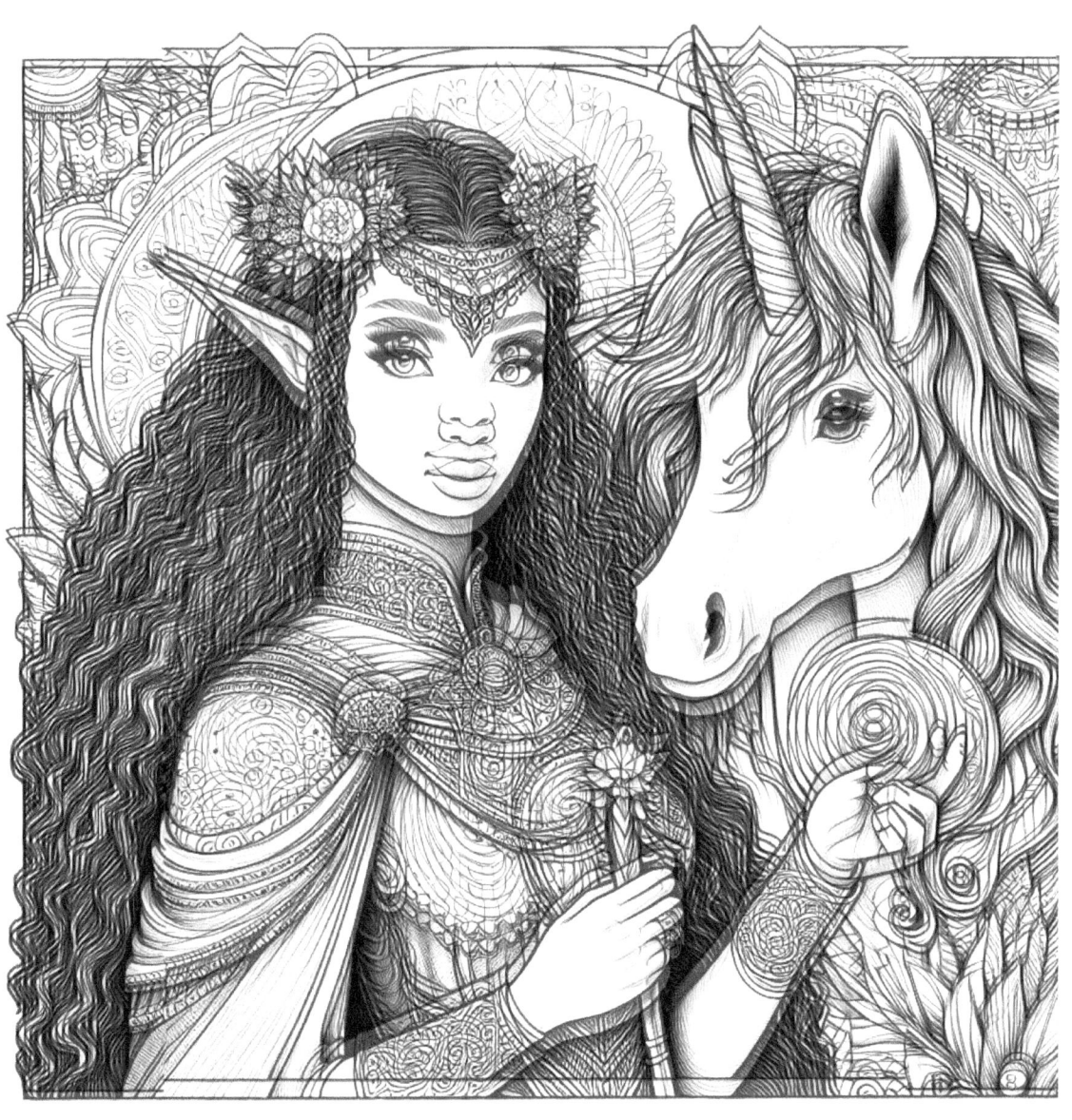

Basta veramente poco per ritrovare il sorriso e l'ispirazione!

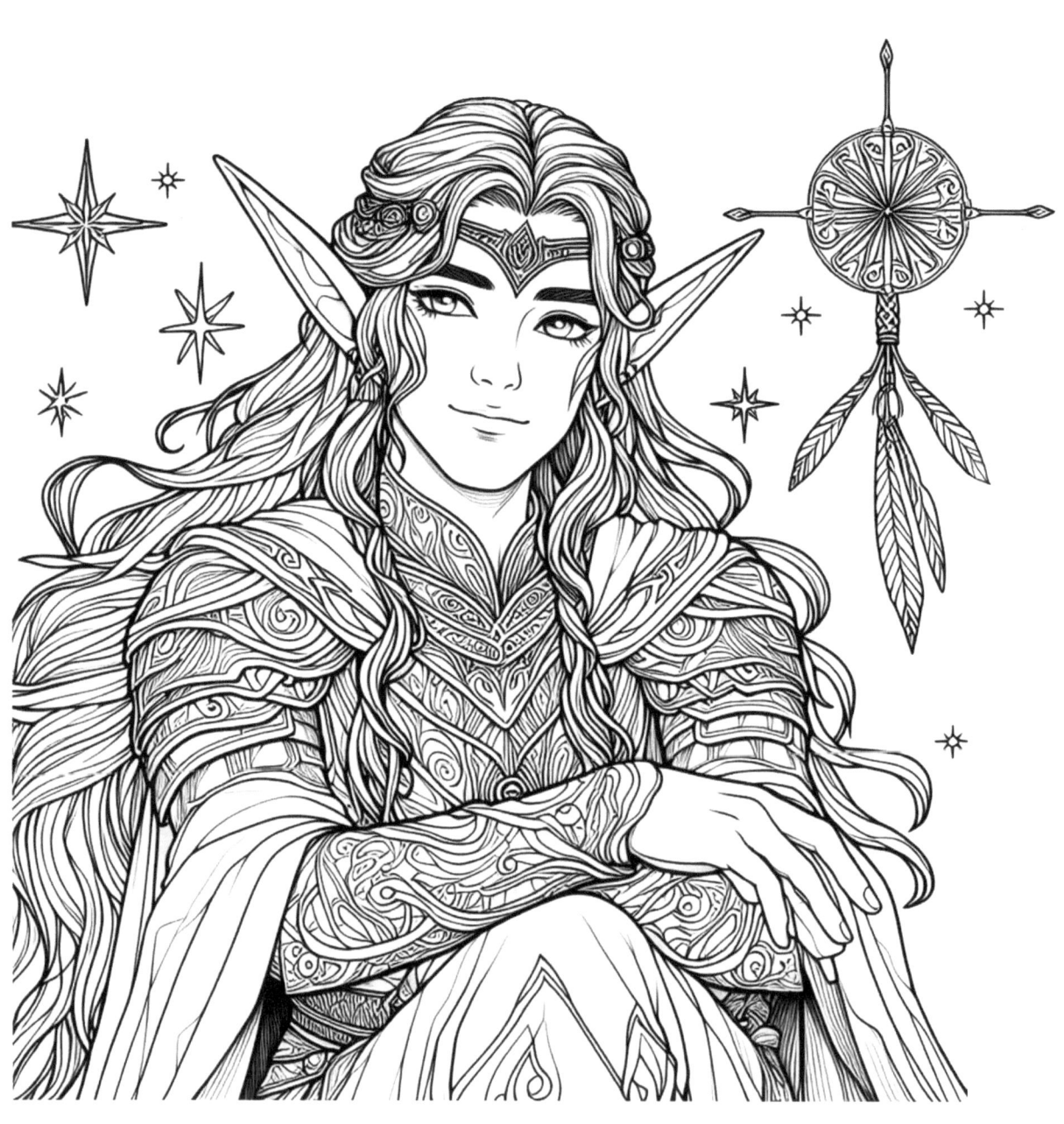

Diamo uno sguardo al popolo fatato!

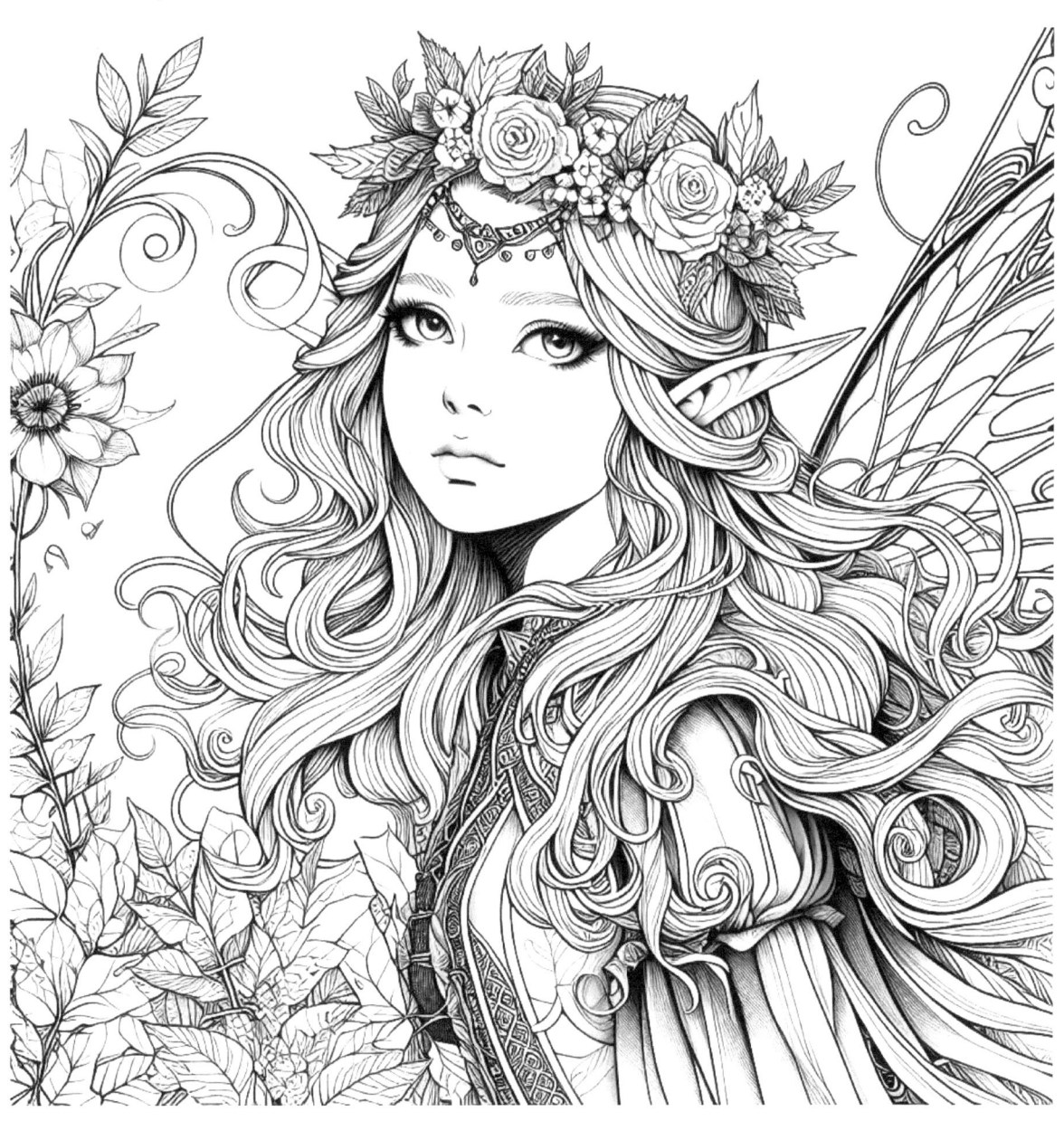

Delle bellissime fanciulle elfiche!
Anche nel tuo Mondo Secondario vivono gli Elfi?

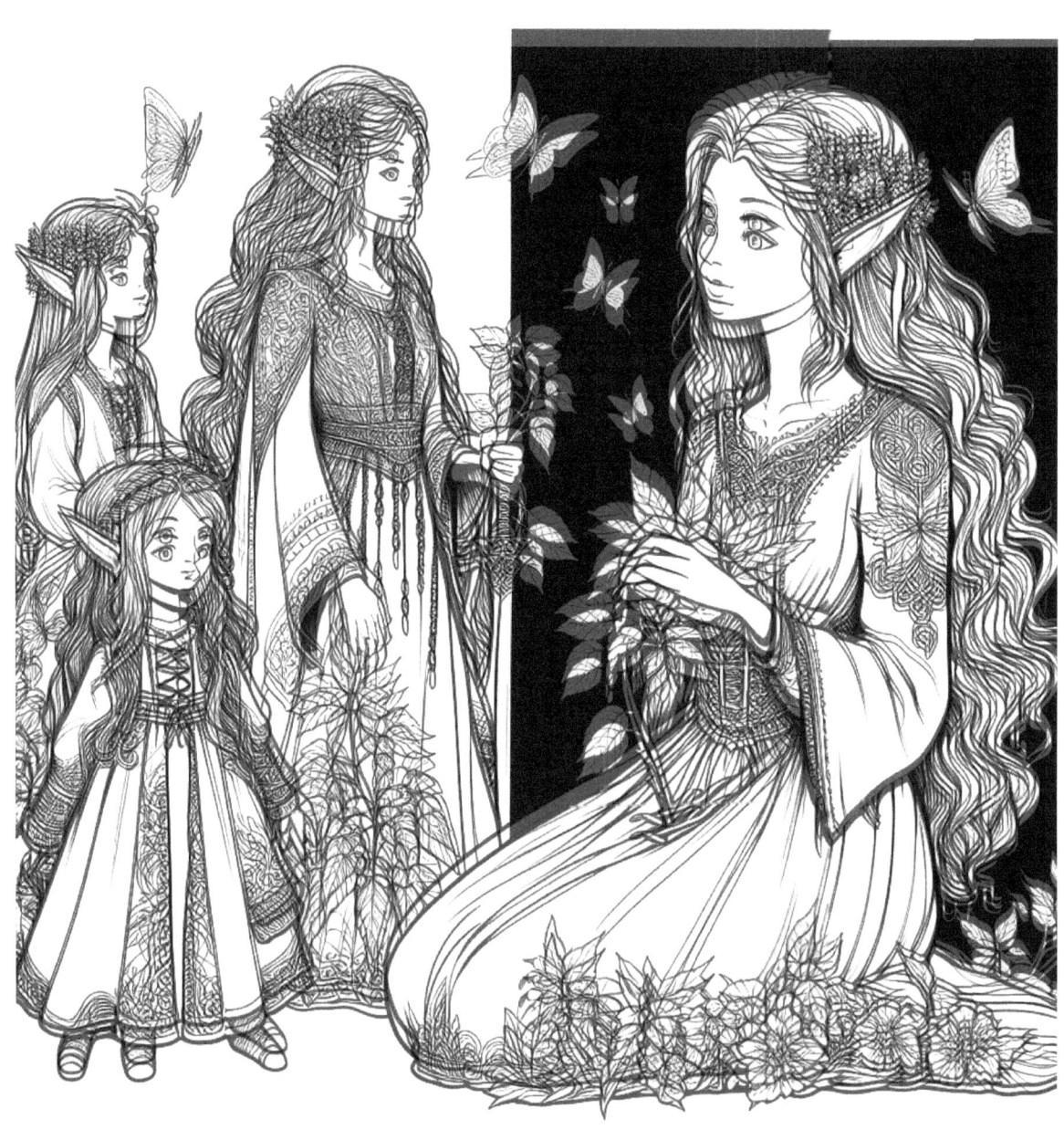

Sapevi che per gli Elfi e le Fate le Promesse sono vincolanti?
Se decidono di fare una Promessa, significa che la situazione lo richiede ed è importantissimo!

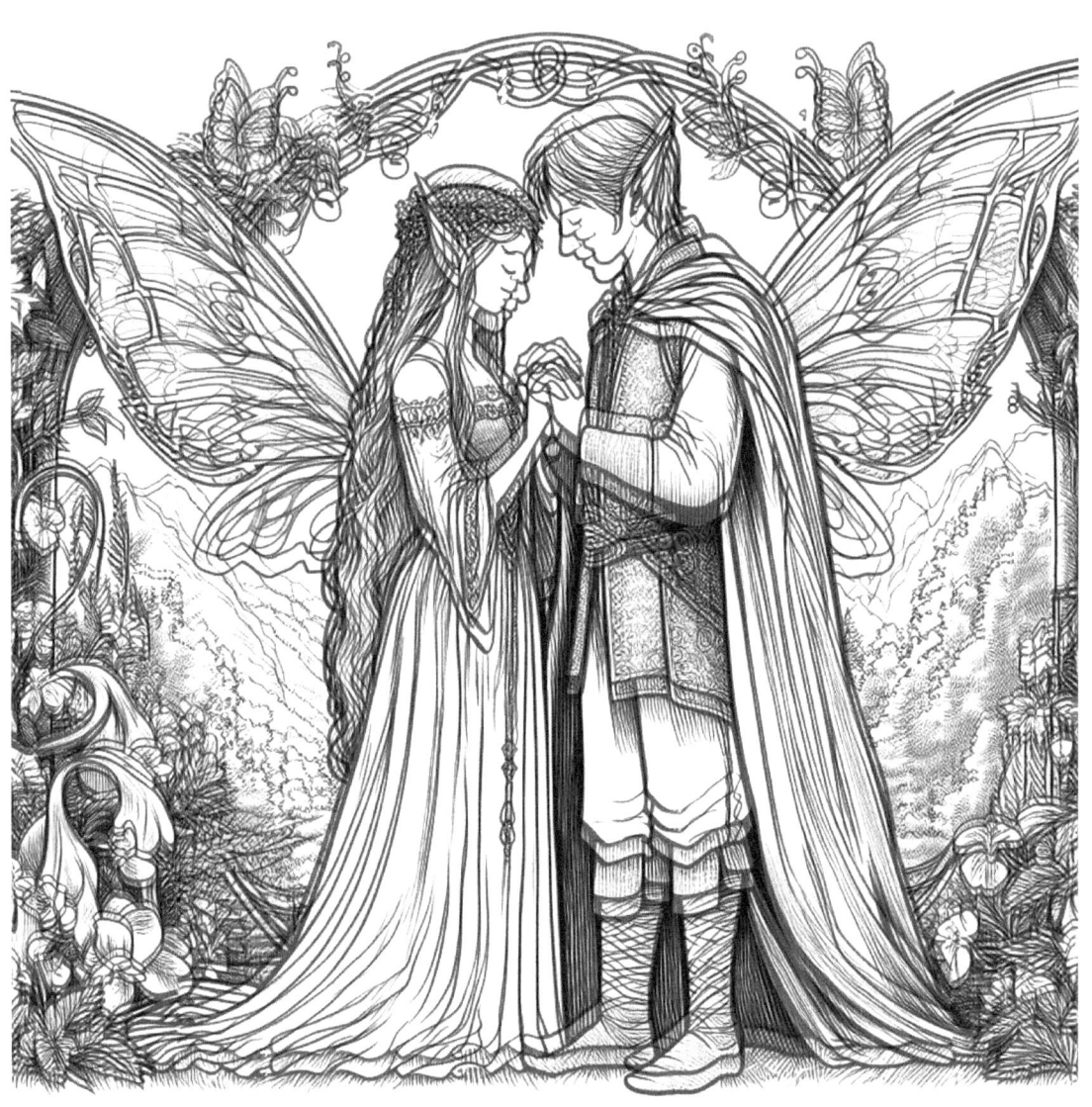

Che si tratti di amici, parenti, conoscenti o persone importanti, per gli Elfi e le Fate la Parola Data è fondamentale!

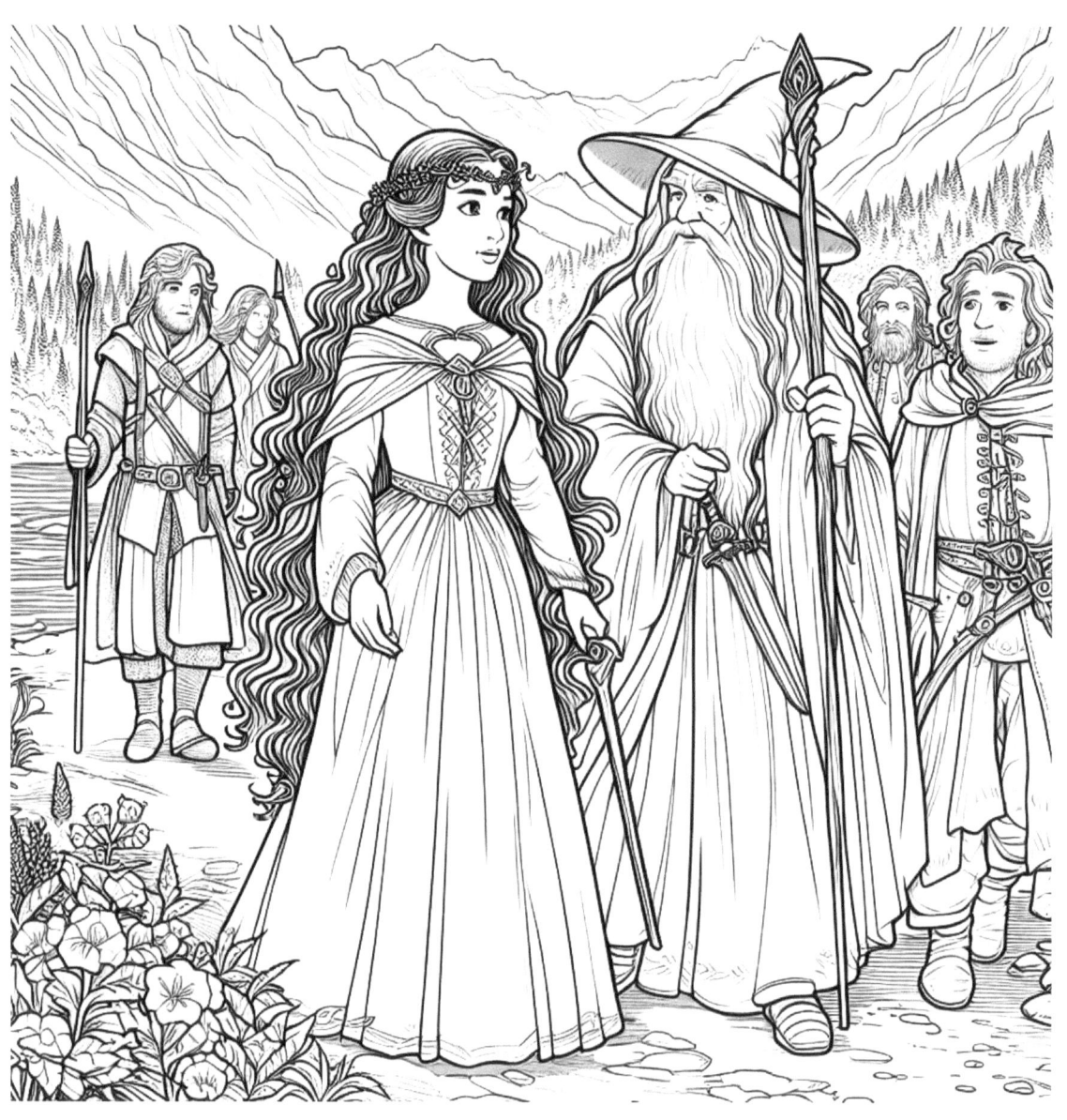

*Meglio piuttosto prendersi del tempo per riflettere,
anziché dare risposte avventate!
Le nostre azioni riguardano non solo noi stessi, ma anche chi ci circonda e le
persone con cui entriamo in contatto!*

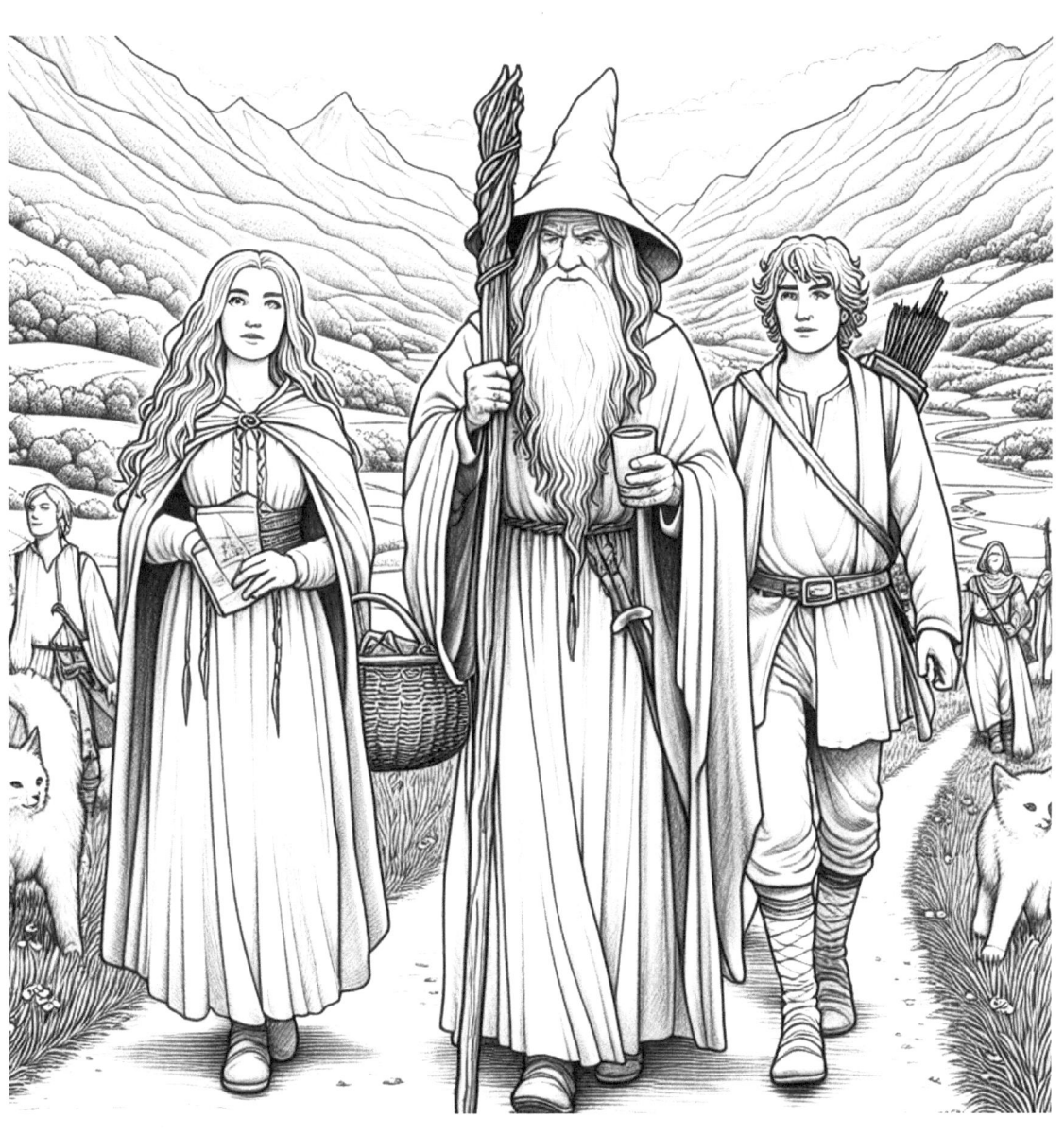

Ci sono serate in cui fermarsi ad ammirare le stelle non solo è bello, ma porta anche fortuna!

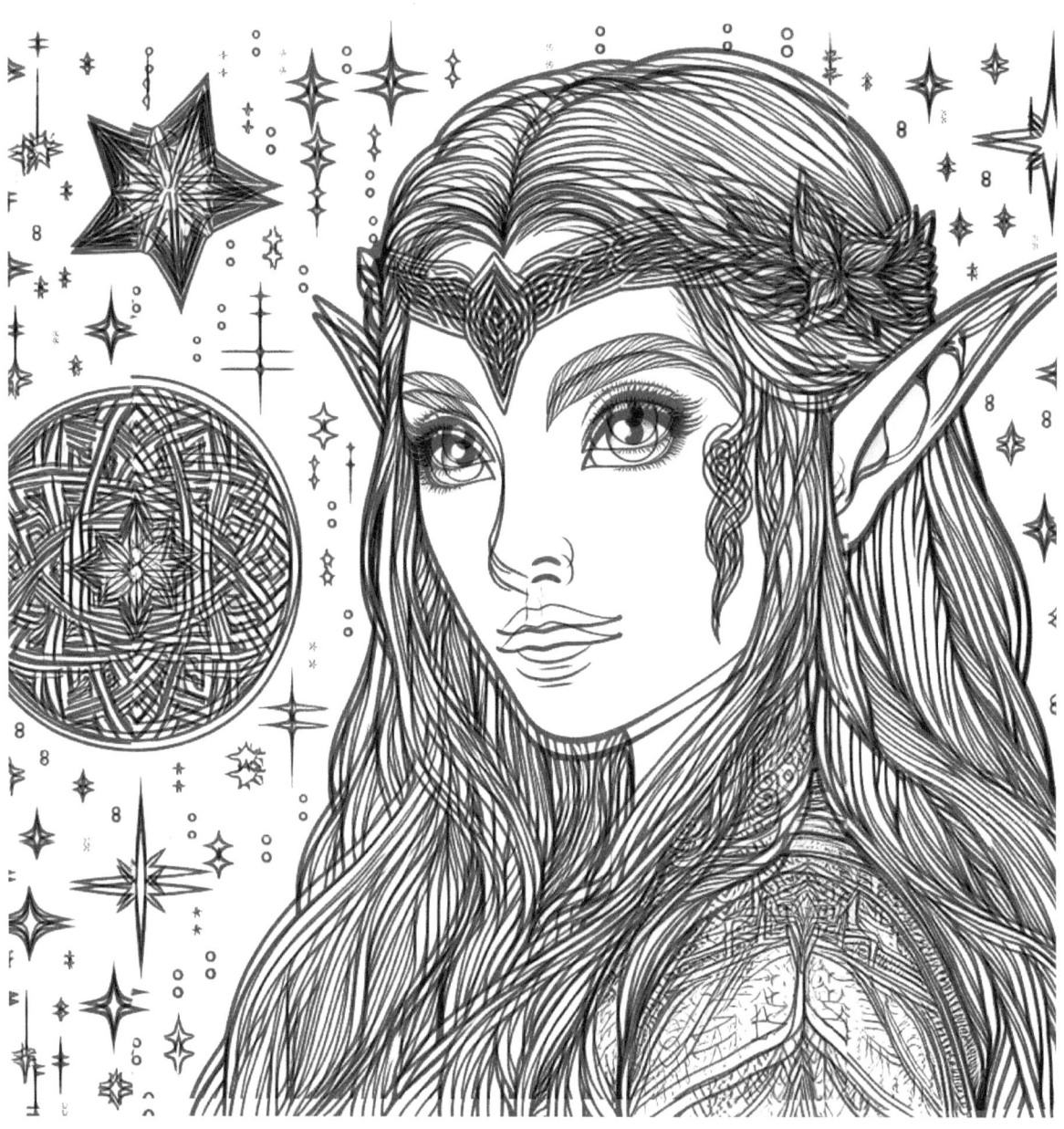

E ci sono giornate in cui passeggiare all'aperto è veramente il massimo: cielo chiaro, monti scintillanti, canto degli uccellini...

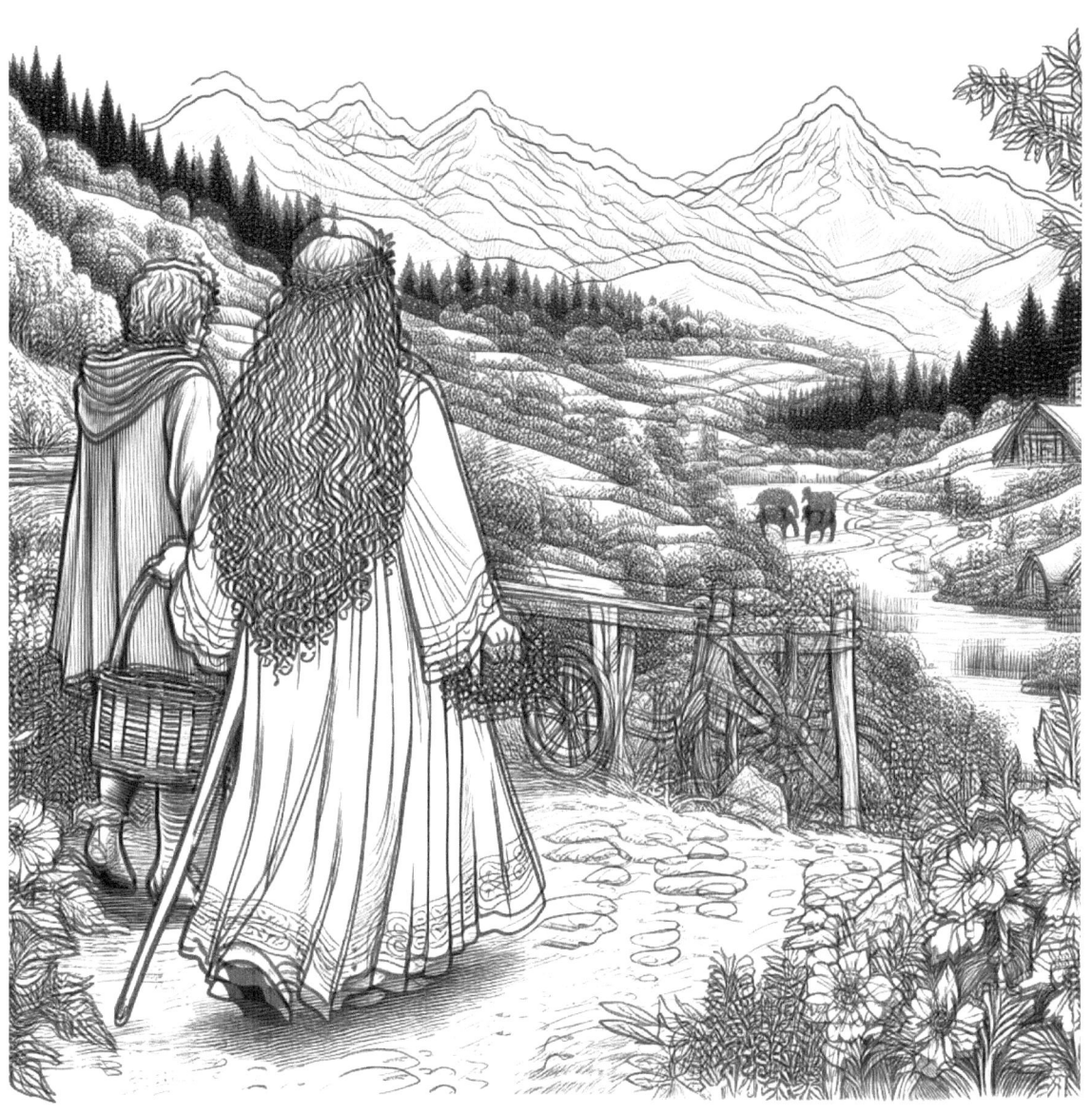

Poi se sei fortunato nel tuo Mondo Secondario potrebbe avvenire un evento astronomico unico, come nel mio caso: vedi?
Un'Eclissi con le mie due lune, una dorata e una argentata!

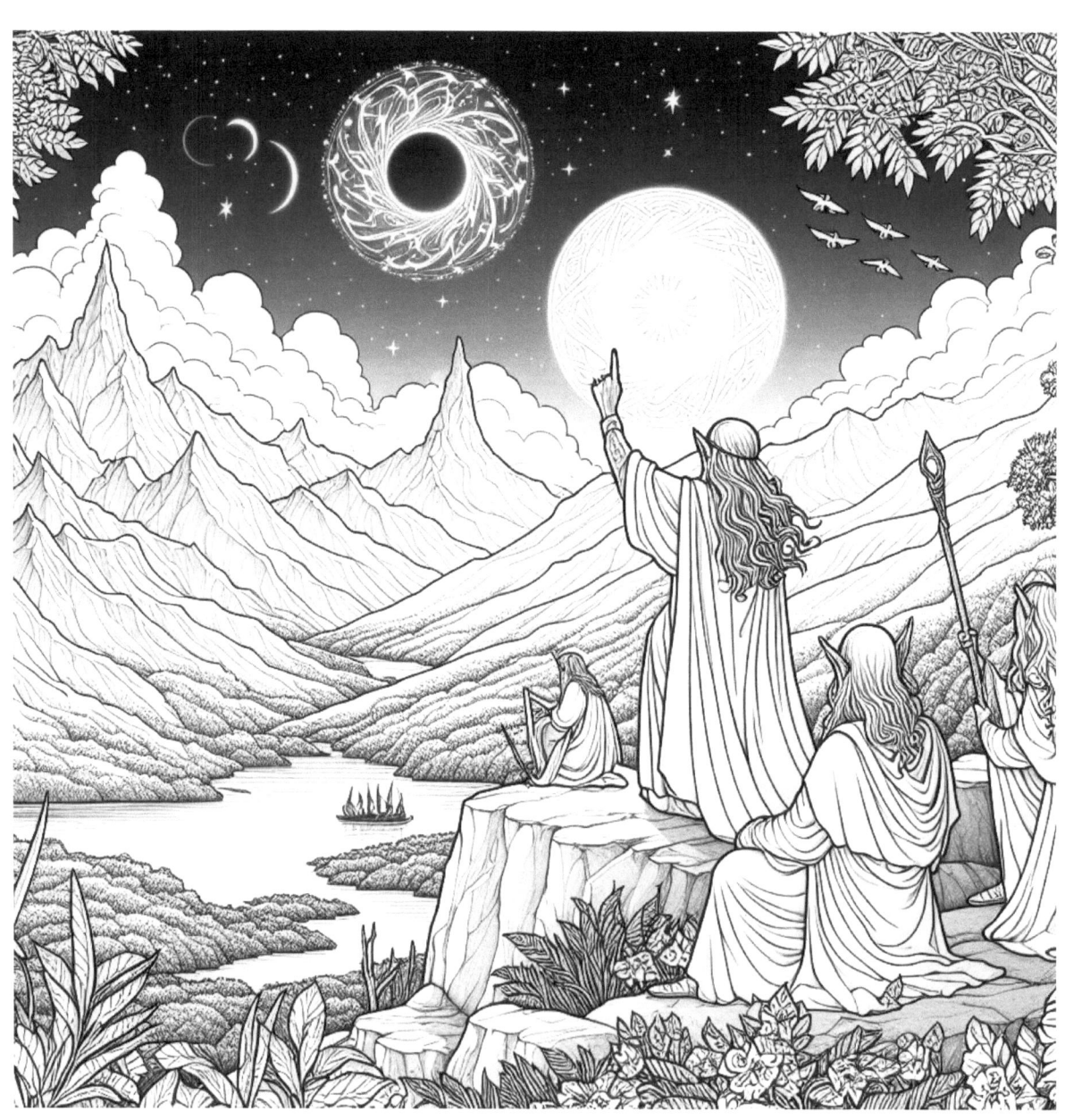

E poi ci sono giornate più tranquille, dove anche solo il dare uno zuccherino a Yuki diviene fonte di gioia!

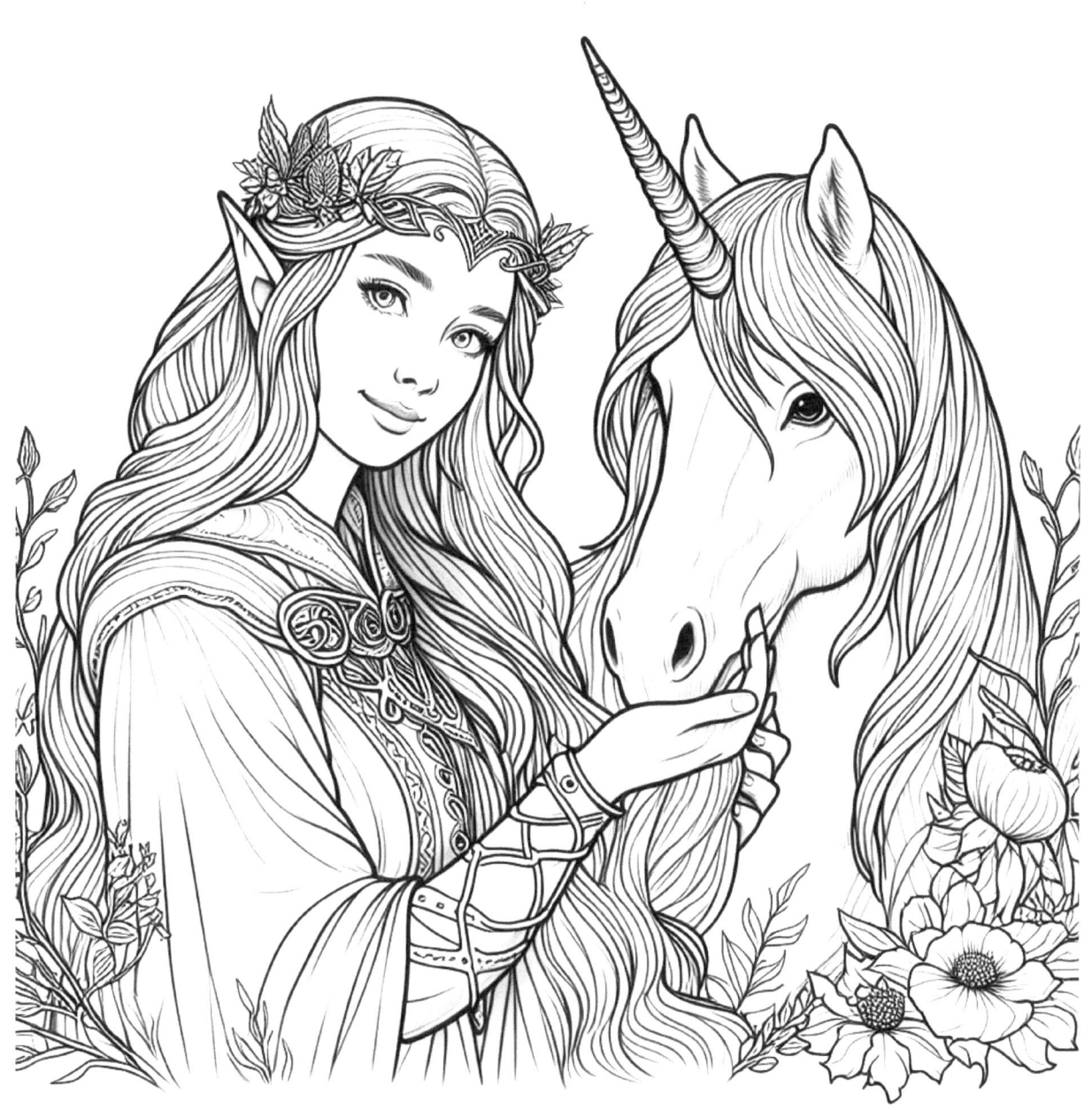

È importante prendersi cura dei propri amici animali, ci sono cose che solo noi possiamo fare per loro!

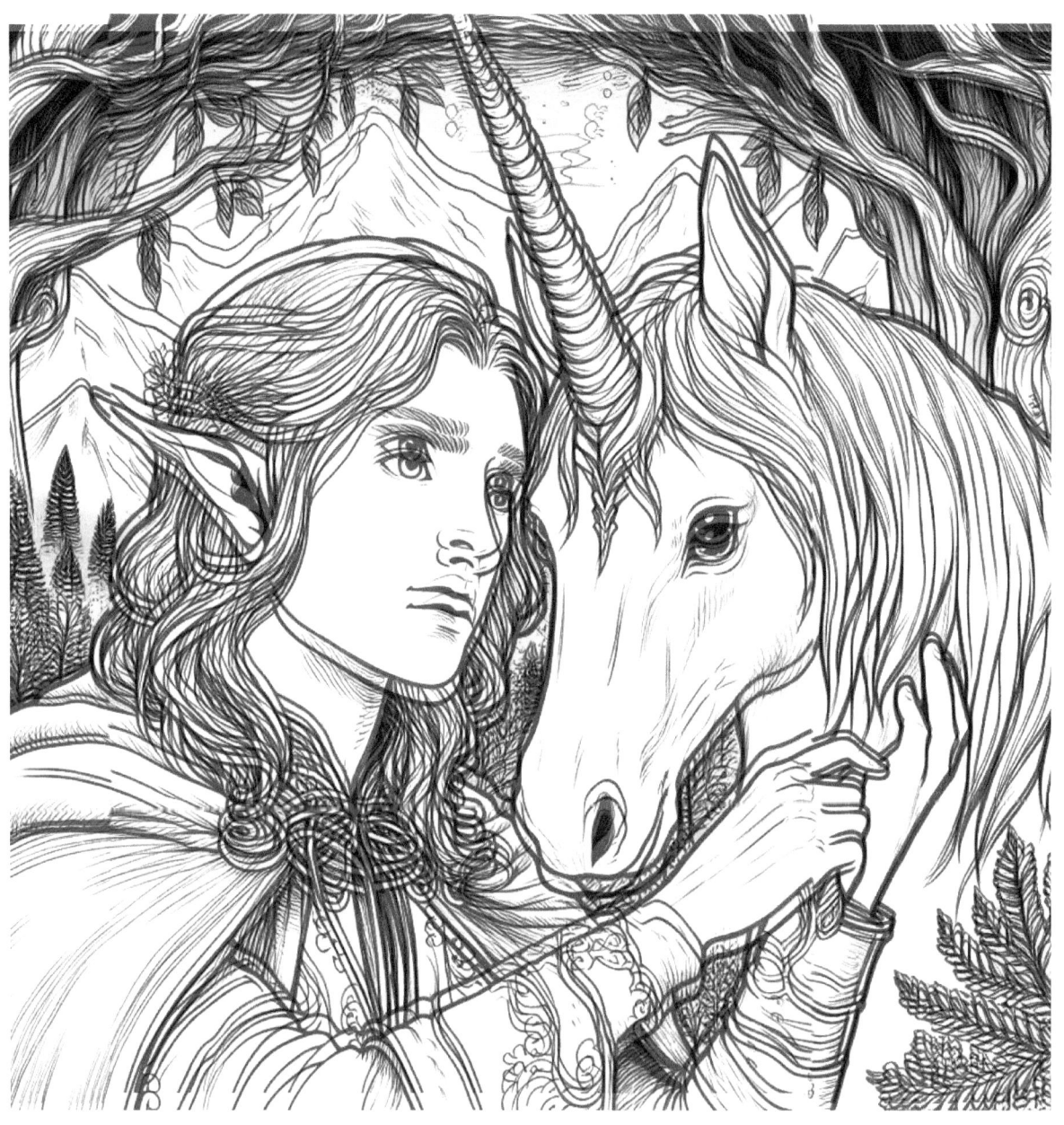

*A proposito di questo.. ci sono cose che solo Tu puoi fare.
Quindi prendi atto di questo fatto, armati di coraggio e mettiti in cammino!*

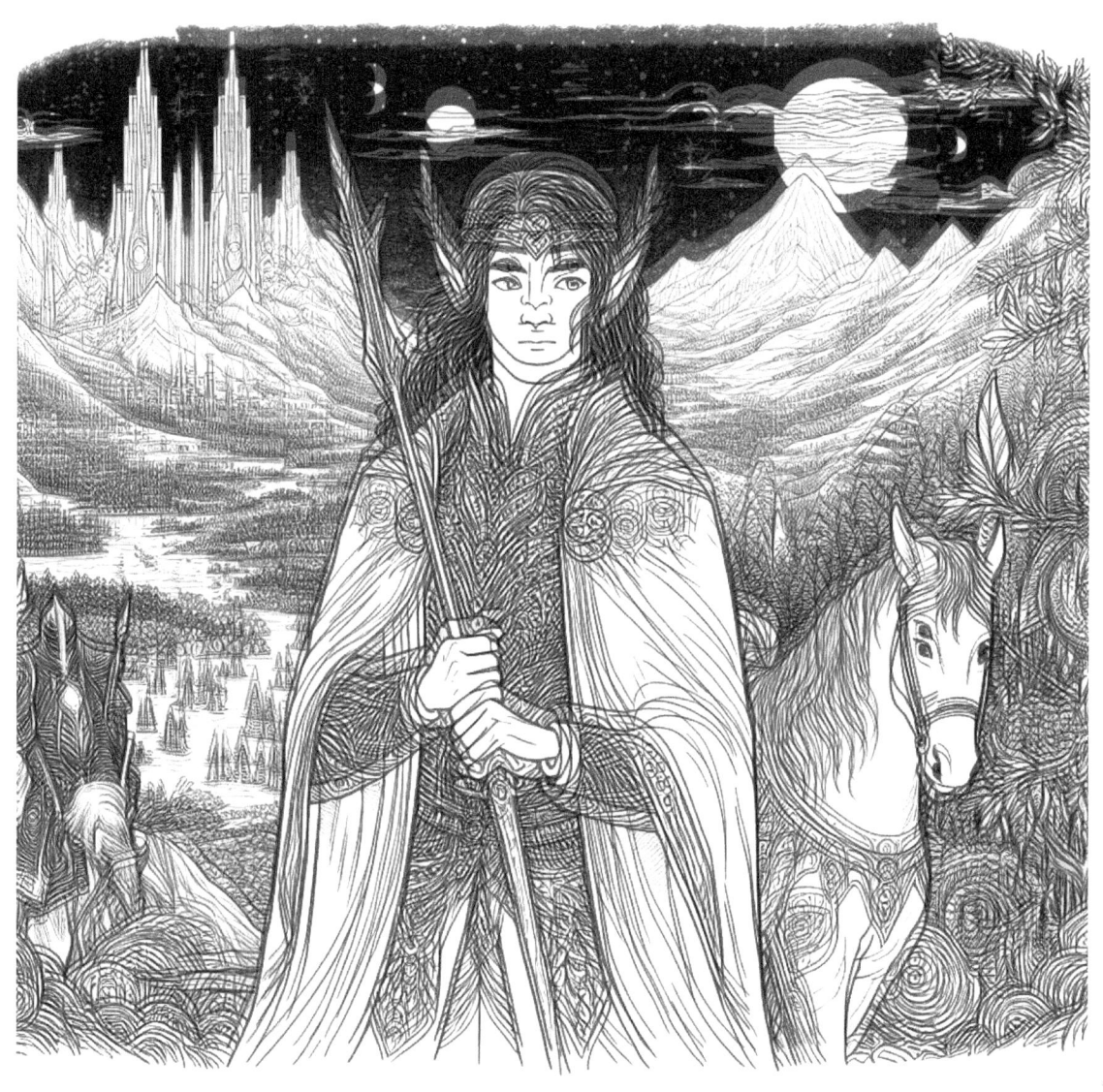

Il Sacro ci circonda ovunque, basta guardarci attorno!

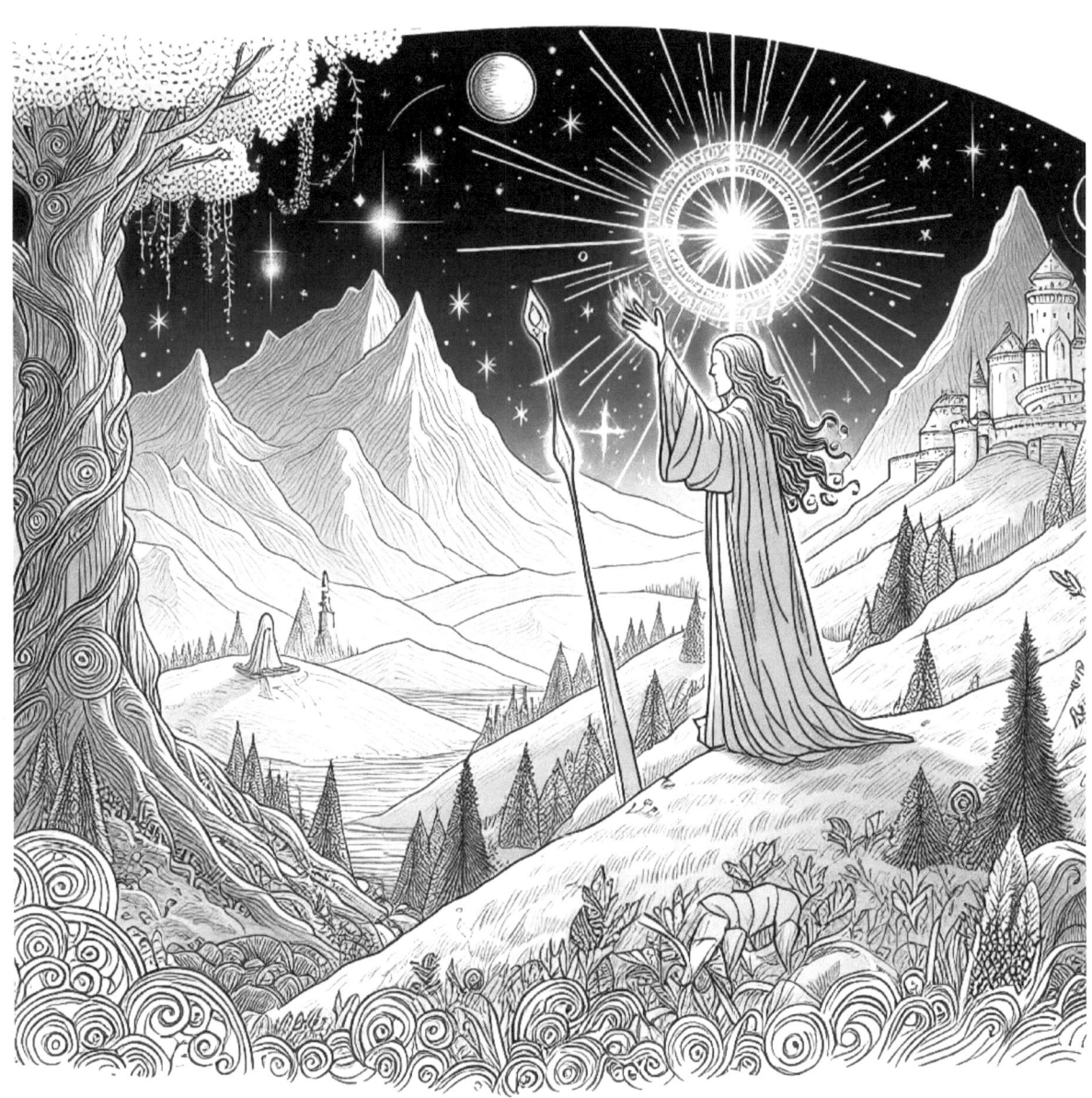

Non importa dove ti trovi:
sei sempre parte della Creazione e la Creazione è parte di te!

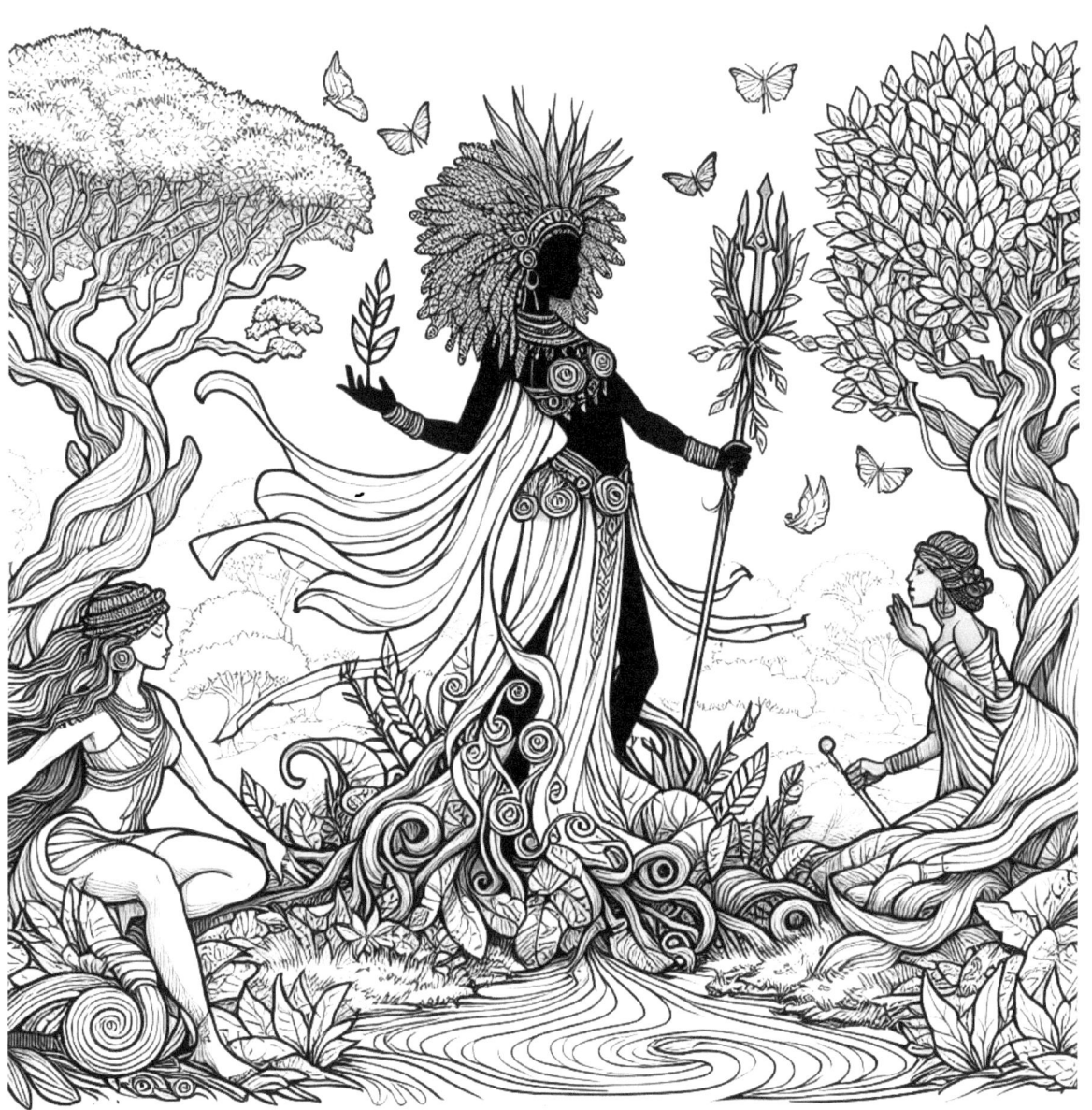

Puoi trovare il Sacro ovunque: in un fiore, un corso d'acqua, nel canto di un uccellino… lì, se c'è Vita, allora c'è anche sacralità!

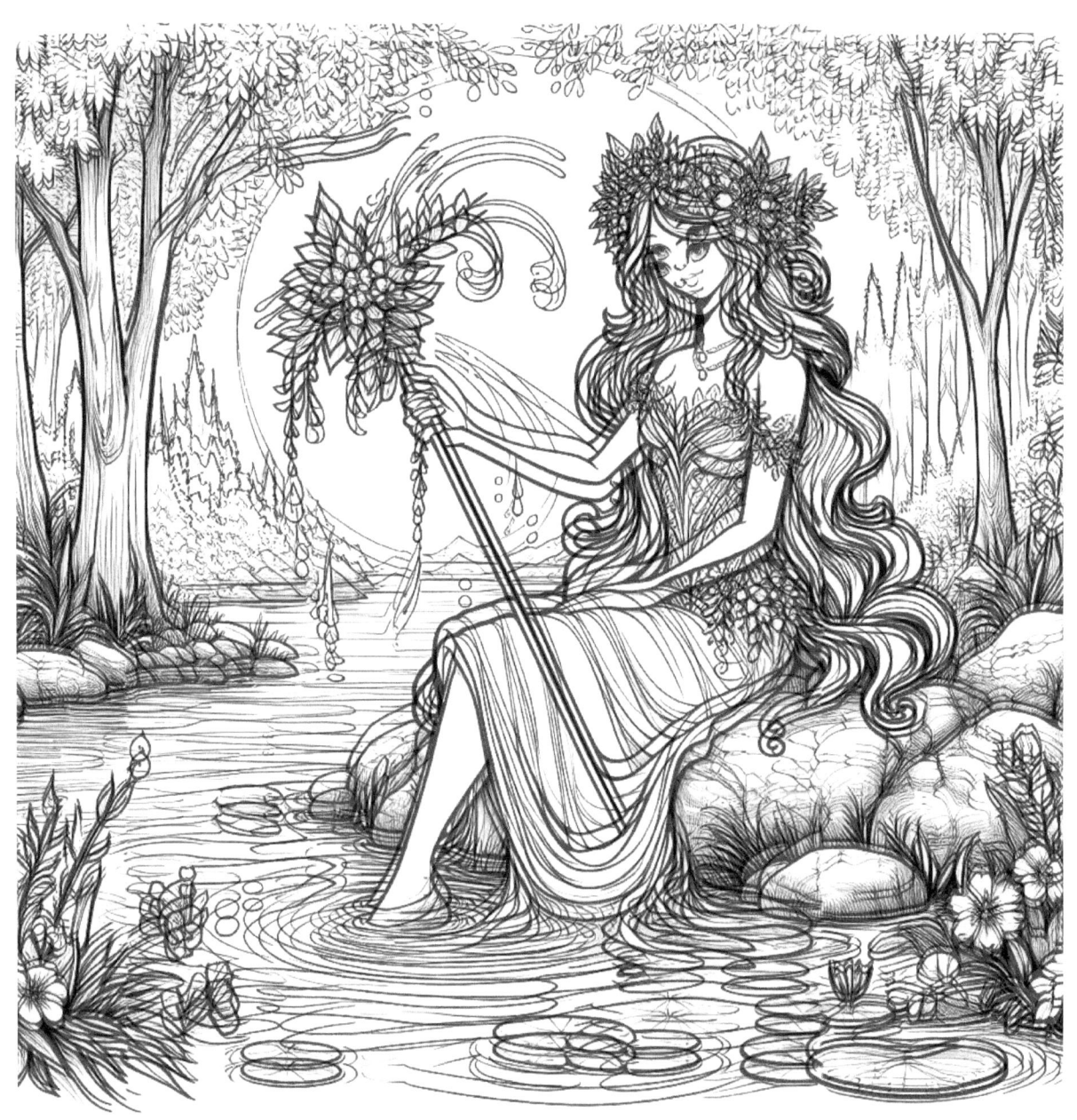

E siamo giunti alla fine di questo piccolo viaggio all'interno del mio Mondo Secondario.

Spero di essere riuscita a regalarti qualche attimo di contentezza e aver ispirato la tua vena creativa.

Per realizzare queste immagini mi sono avvalsa di
[*Image Creator Microsoft Bing*](#)

Ti auguro di proseguire la tua vita con la consapevolezza che il mondo esterno percepibile con i cinque sensi è solo una parte dell'equazione, e che l'obbiettivo principale per noi che viviamo qui su questa bella terra, è migliorare noi stessi: una delle sfide più ardue, ma intriganti.

Al nostro prossimo incontro, qui o altrove, nel mio Mondo Secondario.

O forse nel tuo?

Silvana